酒井大岳の「語るより歩む」

酒井大岳

太陽出版

はじめに

仏教の話をさせていただくとき、わたしは次の三つの柱を大切にしています。

一つ。教えを正しく伝える。

真実の教えを正しく伝えることがもっとも大切だと考えています。それには、その教えを忠実に深く学んでおく必要があります。その努力を怠って仏教を語ることはできません。

二つ。聴衆を信じる。

聴《き》いてくれる人の耳を疑ったら、話というものは、とたんに力を失ってしまいます。本気で語ればかならず全身で受け止めてもらえる、この思いを最後まで失わないことが大切だと自分に言い聞かせています。

三つ。自分を疑わない。

体験を語ることが大事です。しかし、その体験談は、教えを十分にそしゃくしたものでなくてはなりません。信念を持って語ることばは、聴く人の心の底に届きます。

以上、三つのことに、わたしはいつでもこだわって話をしているわけではありません。半世紀に余る布教体験を通して、それはごく自然にさずかってきたものと考えているのです。ありがたいことと思っています。

この本は、五つの会場での講演録です。どの会場の人たちも、じつによく話を聴いてくれました。今、あらためて読み返してみると、会場の雰囲気、聴講者のため息、笑い声などが、耳に聞こえ、目に見える思いがします。

しかし、語り終わって帰路に着くとき、一抹《いちまつ》のさびしさを払いのけることができませんでした。それは、語り足りなかったというさびしさではなく、悦《よろこ》びと紙一重《かみひとえ》のさびしさ、分かってもらえたという満足感のなかのさびしさなのです。ぜい沢なさびしさがあったものですね。

布教師われ虫の原ゆくときひとり

こんな俳句を作ったこともありました。大勢の人と別れて、虫の音《ね》を聞きながら帰路をたどるときは、そんな「ひとり」になりきれるものなのです。これがあったから続けてこられたのかもしれません。

みなさん、よく聴いてくれました。心から感謝しています。合掌

二〇一五年三月

酒井大岳

酒井大岳の「語るより歩む」・目次

第五話　野の道・野の風・野のこころ

第一話

金子みすゞの詩と仏教

平成二十六年三月十五日
主催：日本仏教讃仰会
会場：東京中野サンプラザ

金子みすゞの詩と出会う

みなさん、こんにちは。ようこそお集まりです。会場に入りきれないのですね。立っていらっしゃるかた、辛抱《しんぼう》してください。わたしも立って話します。国民学校のころ、立たされてばっかりいましたが、あれが今にして役立つとは、感慨無量《かんがいむりょう》です（笑）。

わたしは、おととい七十九歳になりました。三月十三日生まれ。吉永小百合《よしながさゆり》さんもそうですね（笑）。あちらさんは、ぐうんとお若いけれど。三浦雄一郎《みうらゆういちろう》さんは「八十歳はスタートだ」とおっしゃいました。嬉《うれ》しくなりますね。わたしも、来年スタートラインに立つことができます。やっと走れるかと思うと楽しみです。

今日は、みなさんと一緒に金子みすゞさんの詩に学びます。みすゞさんと、さん呼ばわりしましたけれど、わたしには、みすゞと呼ぶことができません。二十六歳という若さで世を去られましたし、その詩がみんなやさしくて、あったかいので、すぐそばにいてくれるような気がして、みすゞさん、と呼びたくなるのですね。それが自然なのだから、それでいいと思っています。

わたしがみすゞさんの詩と出会ったのは一九九三年四月七日、朝日新聞の『天声人語』でした。今から二十一年前のことです。こんなすごい詩を作った人がこの世にいたのか、と思いました。

すぐ朝日新聞社に手紙を書きましてね、みすゞさんの本を出版している『JULA出版局』を紹介してもらい、すぐまた出版社に手紙を書いて、みすゞさんに関する本を全部送ってもらって、一晩のうちに読み上げました。

このあざやかさには、自分でも感動しています（笑）。詩集や伝記を読んで、これほど心を打たれたこともありませんでしたね。

それがきっかけで、みすゞさんを世に紹介された作家の矢崎節夫先生と巡り合い、みすゞさんの詩を世界中に広めようと誓い合って今に至っています。現在、十数か国にその詩は広がってきています。

今年は、『金子みすゞ生誕百十年』で、いろいろな催しが各地で行なわれています。

その生涯については、矢崎先生が著《あらわ》された本が沢山《たくさん》ありますから、そちらをご覧《らん》ください。わたしは、ここで、みすゞさんの詩と仏教について勝手なおしゃべりをします。無理に結びつけるわけではありませんよ。詩のこころと仏教のこころがぴったり一つになっているので、坊さんの一人であるわたしが、嬉しくなって語るということです。

ここでは、五編の詩に学びます。わたしの著書のなかに『酒井大岳と読む金子みすゞの詩』（ザ・ブック刊）というのがあって、こちらでは四十編の詩を鑑賞しています。よろしかったら読んでみてください。

深く観《み》る

大漁

朝やけ小やけだ
大漁だ
大ばいわしの

大漁だ。

はまは祭りの
ようだけど
海のなかでは
何万の
いわしのとむらい
するだろう。

矢崎先生は、学生のころ、この詩に出合ったそうです。この一編の詩と矢崎先生が巡り合わなかったら、金子みすゞさんが世に出ることはなかったかもしれません。

先ほどの『天声人語』には、「人間中心の自分の目の位置をひっくり返される深い、優しい、鮮烈さだった」と書かれていて、真っ先にこの詩が載《の》っていました。

わたしもびっくり！　でしたよ。最後にきてギャフンでした。いったい、だれが「海のなかのいわし」を思うか、ということです。浜では、いわしの大漁で大騒ぎをしている。そのとき、みすゞさんは、海のなかのいわしのとむらい、のことを考えている。自分を海のなかへ持って行っているんですよ。

この詩があまりにも有名になったから、人間には「慣《な》れ」というものがあって、あまり感動しなくなっているかもしれません。しかし、あらためて「あなたはどうか？」と問われたら、「目の位置を変える」なんてことは、とてもできるわざではありませんね。「思いやり」という美しいことばがあるけれど、その美しさに慣れてしまってはいけないのだということまで、ずばりと指摘してくれています。

仏教では「観《かん》」ということをよく言っています。ここにコップと水がありますので、ちょっとやってみましょう。コップに水を半分入れました。これを左右に軽く揺さぶります。水の表面が揺れますね。見えるでしょう。それを「波《なみ》」と言います。ところが、目には見えないけれど、真ん中の水も、下の方の水も揺れているんですよ。真ん中の水を「浪《なみ》」、下の方の水を「濤《なみ》」と書きます。上の波には「見《み》る」、中の浪には「視《み》る」、下の濤には「観《み》る」という字を当てます。

いちばん下を「観《かん》の世界」と言っているんです。「いわしのとむらい」とは、この「観の世界」のことを言うのです。目には見えない世界を「観る」ことなのですね。

ここに「私」という命があります。この命は、どこから始まってどこへ行くのか。長い過去を背負《せお》い、遠い未来をはらんでいるのがわたしたちの命ですよね。この「私」という一個の人間の命は、過去から未来まで切れ目なく続いている命です。そういう尊い命を持っている人が、日本だけでも一億二千万人もいる。つまり、縦の線と横の線の接点、十の字の真ん中に立っているのが「私」という一個の命です。

みなさん、全員、そういう命を持ってここに集まって来ています。そうして、わたしの話を聴《き》いて、ほんの少しでも人生観や生き方が変わるとすれば、その人の家庭も変わり、子孫も変わり、日本も世界も変わり、一万年後の人類も変わってきます。それらが一瞬にして見えるのを「観」というのです。むずかしいですか。

もっと分かりやすい例を挙げると、除草剤を使った農作物は、使わない農作物よりも害があります。それを平気で使っていると、百年後に生まれる赤ちゃんたちが、今までにない病気にかかります。原因を調べてみたら、百年前の除草剤だったということが分かる。それを見通す目を「観《かん》の目」というのです。

みすゞさんには、そういう「観の目」がありました。ただ海のなかのいわしを思うだけではなくて、あらゆる世界に深いまなざしをそそいでいたからこそ、「いわしのとむらい」が見えたということです。

浜の大漁祭りをいけないと言っているわけではありません。見えない世界も観える、ということをわたしたちに伝えてくれているのです。この深いまなざしには驚きます。

斉藤茂吉《さいとうもきち》は、それを「実相観入《じっそうかんにゅう》」と言いました。一口で言えば「そのものになりきる」ということ。仏教でいう「観達《かんたつ》」もそれです。深く観て達する、相手の立場になりきる、相手の気持ちになりきる、自分と相手との間に距離がないのです。一つになりきるのです。真の思いやりは、そこから生まれるものでなくてはならないのですね。

次の詩は、そのことをさらに分かりやすく教えていてくれます。

相手の立場になりきる

つもった雪

上の雪
さむかろな。
つめたい月がさしていて。

下の雪
重かろな。
何百人ものせていて。

中の雪
さみしかろな。
空も地面《じべた》もみえないで。

最後の「中の雪」を見たとき、思わず「えッ?」と声をあげてしまいました。これまで、だれがいったい「中の雪」を詩に描けたでしょうか。見えない世界を観る、と口では簡単に言えますけどね、「中の雪」にまで自分を持って行けるなんて、他人事《ひとごと》じゃないですよ。

わたしは、この詩を読んだとき、みすゞさんは「観音《かんのん》さま」だと思いましたね。『般若心経《はんにゃしんぎょう》』というお経の初めに「観自在菩薩《かんじざいぼさつ》」とあるでしょう。「観ることと自在」の菩薩さまのことです。なんでも見える、見えないものは一つもない。人の心も全部見える。全部が見えなければ全部が救えない。観ることが自在なので「観自在菩薩」と言っているのですね。みすゞさんが「中の雪」を観たのも、それだと思います。

この詩は、雪が降り止《や》んだときの詩でしょうね。月がさしているんですから。

表面の雪がいかにも冷たそうです。それを見ていたら、降り始めたころの「下の雪」が見えてきた。その上にはたくさんの雪が積もっているから「重いだろう」と思った。そして「中の雪」、これは、まったく目に見えない雪です。その中間の雪のことを思ったら、空も見えないし地面も見えないじゃないかと。それで「さみしかろな」と言えたんですね。

降り止んだ雪を、天と地の間で見つめている詩です。天を思い、地を思い、そこから「中の雪」が見えてきた、ということです。

みすゞさんが尊敬してやまなかった西條八十《さいじょうやそ》の詩に『雪の手紙』というのがあります。「さらさらと／巻いてゆく／雪の手紙の／長いこと」、四節まで続きますが、これは横に流れてゆく雪を描いたものですね。見ていると、まるで巻紙《まきがみ》の手紙のようだという、大変美しい詩です。降る雪をしっかり見ている詩です。みすゞさんに、この詩の影響があったのかもしれません。しかし、「中の雪」は、まったく別の世界を見ています。

「よく見る」とか、「深く見る」とか、「相手の立場になりきる」とか、とても大事なことだと思うけれどね、これはむずかしいことですよ。わたしなど、こういうことを話していながら、ときどき失敗をやらかしています。

あるとき、ある宴会の席上でね、わたしの真ん前にいる人の声が小さいのですよ。耳を傾けても聞こえないくらいの小さな声。それで、言ったんです。「もう少し大きな声で話してくれませんか」と。そうしたら隣の人に肩をたたかれましてね。わたしの耳もとでこう言った。「すぐ前にいるかたはね、このあいだのどの手術をしたばかりなんですよ」。これには参りました。そこまで気がつきませんでした。お酒が入っていたから、なんて言えたものではありません。「自分はだめな人間だ」と頭を抱え込んでしまいました。「なぜ声が小さいのだろう。もしかしたら？」と考えなきゃいけなんですね。思いやる、ということは大変なことなんです。

あ、もう一つ思い出しました。ある年のこと、わたしの寺の勉強会でバス旅行をしたんですよ。サロンバスだったから、うしろのほうで一杯やった。わたしの話ってのは、すぐ一杯が出てくるんです（笑）。乾杯のとき、斜め前のご婦人が杯を持たない。「一緒に乾杯しましょう」と言っても「わたしはだめなんです」と言って。そのとき、わたしはなんと言ったか。「農薬だって飲む人がいるのに」と（笑）。でも、その人は、にこにこしていて杯を持たなかった。

ドライブインで小休止したとき、ある人がわたしに小声で言った。「先生、あのかたのご主人はこのあいだ農薬を飲んで亡くなられたんですよ」。わたしはとたんに青ざめて、声も出ませんでした。娘さんが勉強会の会員で、元気のないお母さんを旅行に誘って来たんですね。それを知らないで、わたしはばかなことを言ってしまった。わたし、何べんも頭を下げてあやまりましたよ。そしたら「そんなこと、ちっとも気にしていません。それより、ご一緒にいただくことができませんで申しわけなかったと思っています」と。

うっかりなことは言えません。今でも、わたしはそれを悔やんでいます。深く見る、ということは大変なことなんですね。

また、変なことを思い出しました。これは、みすゞさんの詩とはまったく関係ありません。おまけ付きの話です。

神奈川県のある男性が、仙台へ行こうとして上野駅へ行った。東北新幹線ができたばかりで、それに乗ろうとしたのですが、乗り場が分からないので駅員さんに聞いた。「新幹線の駅はどちらですか?」「下の駅です」「えッ、下の駅だって? ここは上の駅じゃないですか。それなら聞くけど、中の駅ってあるのかい?」「それなら中央線に中野駅がございます」と(大笑)。

変な話でごめんなさい。みすゞさんの上・中・下で思い出しただけのことです(笑)。次へゆきましょう。

こだわらない心

石ころ

きのうは子どもを
ころばせて
きょうはお馬を
つまずかす。
あしたはたれが

とおるやら。

いなかのみちの
石ころは
赤い夕日に
けろりかん。

いなかの道に石ころがあって、子どもがころんだり、馬がつまずいたりしている。このようなとき、人間はすぐ文句を言います。「だれがこんなところに石を置いたのか」と。置いたのではなくて、石は初めからそこにあるんです。だけど、人間は何かあるとすぐ他人《ひと》のせいにしたがります。よく、自分の責任や罪などを他人になすりつけることを「責任転嫁《せきにんてんか》」と言っているでしょう。あれと同じようなものですね。自分のせいではないと主張する。穏《おだ》やかではない表情でね。

みすゞさんは、だれのせいか、などとは言っていない。「あしたはたれがとおるやら」と言って知らん顔をしている。「やら」という突き放しがいいですね。「そんなこと、どうでもいいじゃないの」ということですよ。

禅のことばで、「放下着《ほうげじゃく》」と言います。つまらないこと、どうでもいいことにこだわるな、捨ててしまえ、という意味です。「放下」だけでもいい。「着」はその意味を強めるための助詞ですから。

そして、「いなかの道の石ころは、赤い夕日にけろりかん」。石ころは、そんな小さなことにこだわっていないんです。「それよりもっと大事なことは、赤い夕日を見送ることですよ」と言わんばかりに「けろりかん」としている、と言うんです。

この「けろりかん」がいいですね。「けろりん」ではないですよ。あれは頭痛薬です（笑）。こっちは心の薬。どうでもいいことはさらりと捨てて、二度と見られない真っ赤な夕日をしっかり見送ろうじゃないかと。今、大事なことはなんなのかと、わたしたちに問いかけている詩でもあります。

今、沈もうとしている真っ赤な夕日なんて、二度と見られません。いつでも見られるものじゃないです。一回限りです。明日は明日の夕日で、今日の夕日は永久に見られないものですね。

今、何をすることが大事か。一昨年、『朝日歌壇』にすばらしい短歌が載っていました。作者は、小学校五年生です。

すごい虹《にじ》出てるよしかも二重《ふたえ》だよ勉強してる場合じゃないよ

（富山市・松田わこ）

三人の大歌人に選ばれた短歌です。小学生の短歌大会じゃありませんよ。『朝日歌壇』ですから一般の人と一緒です。そのなかで激賞された歌なのです。「勉強してる場合じゃない」、これで決まった歌ですね。今見なければならないものは、今見るしかない、ということを言っているんですよ。勉強よりも二重虹を仰《あお》ぐことのほうがはるかに大切だと、総理大臣に異議を申し立てているからすごい（爆笑）。

虹が二重に出ているといっても、それだけのことでは歌にはなりません。勉強ばかりが人生じゃない、虹を仰ぐくらいのゆとりが持てなくてどうするかと、そのご意見こそが短歌になっているんです。

みすゞさんの「赤い夕日」と同じじゃないですか。どちらも「小さなことは捨てよ」という主張があるからすばらしい。「放下着」そのものの世界です。『般若心経』のなかに「遠離《おんり》」ということばがあります。遠く離れる。何から遠く離れるのかといえば、狂った世界から遠く離れる。「もっと大事なことに早く目覚《めざ》めなさい」ということですね。

中国のことばに「磊磊落落《らいらいらくらく》」というのがあります。これをちぢめて日本では「磊落」といっています。「磊磊」は「心が大きいこと」。そして「小事にこだわらない」という意味があります。

かつて、囲碁《いご》の名人・藤沢秀行《ふじさわしゅうこう》さんは、よく扇子《せんす》やら色紙《しきし》に「磊磊」と書かれたそうです。石ばかりの熟語ですから、囲碁にはもっともふさわしかったのでしょう。

宮城県には「磊磊橋」という橋があります。おもしろい名前ですよね。失《な》くした財布《さいふ》を探しに行くときも、その橋を渡った瞬間、「小さいことにこだわるな」と（笑）。そのくらい大きく生きたいものです。

夕日を見送ったり、虹を仰いだり、そういう心のゆとりを大事にしたいです。今は、みんな、ぎすぎす、せかせかしていて、より大切なことに気づかない人が多いですね。これは、人間としてさみしいことです。おたがいに、大自然の織《お》り成す風景に、もう少しゆとりのあるまなざしを向けていきたいものです。

大自然から学ぶ

ふしぎ

わたしはふしぎでたまらない、
黒い雲からふる雨が、
銀にひかっていることが。

わたしはふしぎでたまらない、
青いくわの葉たべている、

かいこが白くなることが。

わたしはふしぎでたまらない、
たれもいじらぬ夕顔が、
ひとりでぱらりと開くのが。

わたしはふしぎでたまらない、
たれにきいてもわらってて、
あたりまえだ、ということが。

この詩も最後にきて「そうだったか」と思わせられます。小さなことに感動して「不思議だなあ」と言うと、簡単に「あたりまえだよ」と返されますよね。みすゞさんは、そのことさえも不思議だと言っています。

よく考えると、この世に不思議でないものは一つもありません。今、わたしがこうして中野サンプラザで話していることだって不思議中の不思議です。

今から六十年前、わたしは物売り（行商）をして、この辺《へん》をよく歩きました。むかしは、このあたりにも、田んぼがあり、畑があり、林も、丘も、川もありました。今はどうです、こんな大きなビルが建って、街もうっかり歩けないくらいの賑《にぎ》やかさだし、騒音もすごいものです。荷物をぶら下げて歩きながら、六十年後の今日のことなど想像さえできなかったことです。

それよりもっと不思議なのは、その六十年間をよく生き抜いてきたということですね。一センチずれていたら、あと一秒早かったり遅かったりしていたら、確実に死んでいたというような経験をどれくらいしてきたか分かりません。それが不思議にも、生きる方へ、生きる方へと運ばれてきているんです。

「成り行きだ」と言う人もいますが、わたしはそうは思いません。そのように事が運ばれてきたとしか考えられないのです。「生き運」というよりも「縁」と言ったほうがほんとうでしょうね。見えない力に支えられて生きてきているわけですから。その、見えない力というものが、どのようにかかわり合ってきていたかは、人間には解明することができないのです。

だから、不思議としか言いようがないのですね。不思議と思うとき、「ありがたい」という感謝の念というものが心の深いところに育まれていきます。「あたりまえ」と「不思議」のちがいは、「ありがたい」と思うか思わないかのちがいでしょうね。これ、よく覚えておいてください。成り行き、あたりまえ、には感謝感激の念は起こりません。

春になって花が咲くのは、あたりまえではなくて不思議なのです。草にも花が咲きますが、花を咲かせられない草だってありますよね。洪水で根こそぎ流されたり、動物に食われたり、除草剤をかけられたりしたら、花を咲かせることはできません。だから、咲かせることができた花は、見えない力に支えられて咲いたということで、その力が見えない限り不思議なのです。

みすゞさんは、雨や、かいこや、夕顔たちの「今、いのちのあること」を不思議に思ったのです。人に聞くと「あたりまえだ」と言う。どうしてあたりまえなのか、そこがまた不思議だと言うんですね。ものをよく見る人と見ない人のちがいは、そこにあります。

みなさんだって、今日という日を迎え、今、この会場に来ていることを、不思議と思うでしょう。これまで生きてきた一日一日の積み重ねが、全部今日という日につながっていることを思えば、やはり不思議と思いますよね。まさか、事の成り行きとは思わないでしょう。意志があって来ているのだし、あのとき死なななかったから来られたんです。さらに言えば、このわたしに会いたかったから、一生懸命ご飯を食べて生きてきたんですよ、ね（笑）。

ま、そいうことにしておいてください。ジャンボ宝くじで三億円当たらなくてよかったですね。当たっていたら、今ごろ遊びほおけていて、わたしの話なんぞ聴きに来るわけがありませんもの。「はずれまして、おめでとうございます」（笑）。

これから、みすゞさんのように、ものをよく見て生きてゆきましょうねえ。この世は不思議ばかり。さて何が見えてくるか。その心さえあれば、いろんな不思議が見えてきます。毎日びっくりすることばかりです。一日一日が楽しくなりますよ。

あるとき境内《けいだい》を歩いていたら、まだ一月だというのに、もう「いぬふぐり」の花が咲いていました。あの、小さい、空色の、かわいい花、ご存知でしょう。

あの花、四枚の花弁を持っていますよね。よく見たら、三枚は青空の色、一枚は雲の色でした。びっくりしましたねえ。いぬふぐりの花は、空と相談しながら色付けをしているんです。わたしの大発見です。

このことを、みすゞさんのファンで宇宙物理学者の佐治晴夫《さじはるお》先生に話したら「これは驚きです。これを発見した人は世界中にいません。すばらしいことです！」とほめてくれましたが、あれから十五年、なんの音沙汰《おとさた》もありません（爆笑）。

ほんとうにそうなのですから、今度いぬふぐりの花を見たら、そばに行ってかがんで、よく見てください。三枚は青空の色、一枚は雲の色ですから。そして「立派だねえ」と声に出してほめてあげてください。あんまりいつまでもほめていると、人が見ていて、「あの人にも春が来たんだわ」なんて言われますから、ほどほどに（笑）。

「蟻地獄《ありじごく》」って、ご存知ですか。ウスバカゲロウの幼虫で一センチくらい。軒下とか松原などの乾いた土に、すり鉢状の穴をつくって、蟻が滑《すべ》り落ちてくるのを待っている虫ですよ。あれを、わたし、観察したことがあるんですよ。ゴザを敷《し》いて腹這《はらば》いになってね、接写レンズで小半日撮影に挑《いど》んだことがあるんです。三時間くらい。檀家《だんか》の人が来て「和尚《おしょう》さん、何してるんですか?」と言われたときは、あんまりひまそうでちょっと恥《は》ずかしかったけれどね（笑）。こっちは真剣そのものだったんです。

そのときも大発見をしました。あれは蟻が滑り落ちるのを待っているのではないんです。蟻地獄は口に砂粒を含んでいて、すり鉢の上を蟻が通るとき、すぐその下の砂をめがけて、口の砂粒を発砲するんですね。すると砂が崩れ落ちるので、蟻も一緒に落ちてくる。そいつをいただくんです。

よく考えたものですね。それが、いつのことか分からないから、こっちはカメラを据《す》えて、息を殺して、待つばかり。座禅をするよりもきびしい修行でした（笑）。しかし、それを発見したときは嬉《うれ》しかったですね。

自然を観察すると、おもしろいこと、不思議なことばかりです。みんな生きるために一生懸命なんですね。それらを見ていると、自分もしっかり生きなければ、と思うようになります。

ミノムシが高い所にぶら下がっていれば、その年の冬は雪が多い、といいますね。ミノムシの祖先たちは、何万年もかかって生きる知恵を見つけ、子孫たちに伝えたものと見えます。そのことを発見した人間の観察力も大したものです。

見張りのサルが「キーッ」と大声をあげると、遊んでいたサルたちは左右に分かれて散ります。そのあと、高い山から岩が崩れ落ちてくるのです。わたしは長野県の地獄谷でそれを見て、見張りのサルの察知力に驚きました。

北海道では、撃《う》たれて倒れた熊が翌朝になって発見されて、そばに行ってみたら死んでいて、撃たれた腹の穴にはヨモギの葉っぱが詰《つ》まっていたそうです。ヨモギの葉が傷《きず》を治すということを熊はどうして知っていたのでしょうか。それでも死んでしまったそうで、それを見た猟師《りょうし》は、それっきり銃を捨ててしまったそうです。タクシーの運転手さんから札幌でその話を聞きました。

わたしも若いころ、よく山登りをしたものですが、ヨモギの葉をいつも持って行きました。マムシに手を噛《か》まれたとき、ヨモギの葉をもんで青汁をひじや肩に塗《ぬ》れば、一時間で絶《た》える命が五時間も延びるから、保健所へ連絡ができて助かる、というのですね。これは、登山者の心得《こころえ》について書かれた本から学んだことです。こういうことを発見するにも、長い時間をかけての観察があったということでしょう。

春や秋、空を飛んでゆくガンが、かぎになったり、さおになったりして行くのをおもしろく仰ぐこともあります。飛翔力《ひしょうりょく》の強いガンが先頭で、左右ともそれに従う。二番、三番と、あとからついてゆくガンほど飛翔が楽になるんですね。空気の圧力が弱くなるからだそうです。力の弱いものほどあとからついて行く。思いやりにあふれた連帯図です。ときどき一直線のさおになるのは、先導するガンが「大丈夫か？」と声をかけるためだそうです。そのとき左右のガンたちが「大丈夫でーす」と返事をする。その声が地上にまで届くのですね。

本で勉強したわたしが、このことを得意になって、秋田県のお坊さんばかりの研修会で話したところ、終了後一人のお坊さんがやって来て「先頭のガンもときどき交代するんですよ」と教えてくれました。そのお坊さんこそ、空を飛ぶガンの研究者なのでした。どこに強者《つわもの》がいるか分かりませんね。恐ろしい世の中です（笑）。

自然を観察し自然から学ぶ、ということで、もう一つ添えたい話があります。

むかし、鈴《すず》木《き》翠軒《すいけん》翁（１８８９〜１９７６）という書道家がいました。書のほうで、わたしの師匠のそのまた師匠に当たります。

この大先生が上州《じょうしゅう》（群馬県）の四万《しま》温泉に逗留《とうりゅう》されたとき、孫弟子四、五人が特別お招きにあずかって、旅館のお部屋にお邪魔したことがありました。そのときの翠軒翁のお話です。

「四万温泉に来てよかった。この先に滝があるだろう。あれを見ていてアッと思ったのだよ。滝水が上から落ちてきて、大磐石《だいばんじゃく》に跳《は》ね返る。それを三時間ほど見つめていて、これまで七十年間苦しんできた〝の〟の字のハネがやっと解った。のの字の書き方ではない。のの字のこころが解ったのだ。大自然のこころが解ったのだよ。七十年間、休まずに書の勉強をしてきたから、自然がご褒《ほう》美《び》をくれたのだね。雑念のない澄《す》んだこころのなかに、自然の教えは入ってくる。それは大自然の声が聴こえてくるということだ」

二十代のわたしにはむずかしいお話でしたが、そろそろ翠軒翁の、そのころの年齢に近づいてきたわたしに、今、しみじみと伝わってくるお話です。

自然を愛し自然のなかに飛び込んでいくと、自然の声が聴こえてくるんですね。これは理屈では通らない世界です。長くその道を歩んできた者にしか分からない世界なのです。

翠軒翁は昭和四十一（一九六六）年、『万葉千首』を揮毫《きごう》されて文化功労者として表彰されました。四万温泉で得られた「大自然のこころ」が、万葉千首を貫いているのですね。すばらしい世界があったものです。

この話、みなさんには高級すぎましたか？　そうでもない？　ある程度お分かりになりましたよね。よかった、よかった。今晩、滝の夢を見てくださいね。明日の朝、鏡を見てびっくりしますよ。突然、美人・美男子に変わっていますから（笑）。

お釈迦《しゃか》さまは「大自然に学びなさい」とさとされています。自然は一時として同じ相《すがた》ではないのだから、それをよく見つめ、その不思議に驚きなさいと教えられています。

みすゞさんの『ふしぎ』という詩は、その教えにぴったりと重なるのです。

おしまいは『花のたましい』です。

与えて生きる

花のたましい

ちったお花のたましいは、
みほとけさまの花ぞのに、
ひとつのこらずうまれるの。

だって、お花はやさしくて、

おてんとさまがよぶときに、
ぱっとひらいて、ほほえんで、
ちょうちょにあまいみつをやり、
人にゃにおいをみなくれて、

風がおいでとよぶときに、
やはりすなおについてゆき、

なきがらさえも、ままごとの
ごはんになってくれるから。

わたし、この詩を最初に読んだとき、えッ？　と思いました。花のたましいは全部みほとけさまの花ぞのに生まれる、そんなことってあるのかなあと思いましたね。

ところが、「だって」と言って説明してくれていた。この「だって」がいいですね。みなさんがときどき言っている「だって」ということばは、責任のがれ、理由づけ、ですよね。「だって仕方がないじゃないの、あのときはこうだったんだもの」と、わが非を認めない言いぐさですよ。

この詩の「だって」はそうじゃないです。「なぜかというとね」、というやさしい説明に入ってゆくためのことばなんです。

そして、最後までいって「なるほど」と納得しました。「なきがらさえも、ままごとのごはんになってくれるから」。花も嬉しいでしょうね、こんなふうに見てくれる人がいて。花は散っておしまいじゃなかった。散ったあとのことにまでまなざしをそそぐことのできたみすゞさんを、やはりすばらしいなあと思わないではいられません。

「風がおいでとよぶとき」って、どういうときでしょう。そうですね、命が終わるときですね。みなさん、そういうとき風に向かって「ご苦労様です、お待ちしていました」と言えるでしょうか。「まだまだ早い」と言って押し返します？（笑）。今のところ「すなおについてゆき」というわけにはいきませんか。もっとも、こういうところへ話を聴きに来ているのだから、まだまだ人生の仕上げができていないわけですよね。もう少し勉強してからにしましょうか。与える、ということはすばらしいことですよね。仏教で「布施《ふせ》」といっているのですが、「布」は「あまねく敷く」ということ。「施」は「ほどこす・与える」ということ。いつでも、どこでも、だれにでも、親切を与えてゆくことを「布施」といっているのです。

道元禅師《どうげんぜんじ》は次のように言われています。

「其の人には知られざれども、人のために好《よ》き事をなし、乃至《ないし》未来までも誰《た》れが為と思はざれとも、人の為によからん事をしをきなんどするを誠《まこ》との善人とは云ふなり」（随聞記・三）

この人のために好いことをする、というのではなくて、未来を生きるだれのためでもよいから、好いことをしなさい、と言われているのです。それが善人なのだと。

だから、与えるのが嫌いな人、つまりケチな人は、みほとけさまの花ぞのには行けないということですよ。

みなさんのなかに、ケチな人、いますか？　おや、いない。ほんとかなあ。もっとも、ケチな人はこういう所へは来ないわけですよね。電車賃はかかるし、食事代もかかるし。

東北のある会場でね、「ケチな人いますか」って言ったら、男性のかたが二人手を挙げましたよ。よっぽど自信があったのでしょうね。わたしは言いました。「お二人さんはケチではありませんね。ほんとうのケチは手も挙げないのですよ」（爆笑）。そうでしょう。手を挙げただけでも体力を消耗《しょうもう》する、と考えるのが本物のケチなのです（笑）。みなさんは、今だれ一人手を挙げなかったね。困った時代がきたものです（大笑）。

「貪欲《どんよく》」の「貪」、「むさぼり」は仏教の教えのなかで一番いけないものとされています。遺産相続で親族がばらばらになるのも貪りがもとですね。戦争のほとんどは貪欲から始まっています。この欲望は、すべての人が生まれながらに持っているものですが、意志によって抑えることができるのです。その意志は、教えに学び、慈悲の心の大切さに目覚めることで育《はぐく》まれるものなのです。人さまの幸せを祈る心こそが、貪欲を打ち砕く力となります。花のたましい、のように、与える専門がいいのです。

みなさんのなかに、人に物を与えることが大好きだという人がいますか。くれ好き、の人ですよ。ああ、沢山いますね。ほとんど女性のかた。その人たちは「すっからかん人生」というすばらしい人生を歩むことができるのです。もちろん、「みほとけさまの花ぞの」行きです。「花ぞの行き」の電車には、生きているうちに持ち物をみんなくれてしまった人しか乗ることができません。

人間は死んでから四十九日の間、一人旅を続けます。途中で岩と岩の間を通るのですが、裸でやっと通れるくらいの狭さですから、財布一つ持っていても、それが引っかかって通れないのです。すっからかんの人は裸ですからつるりと通れるんですね（笑）。その先が花ぞの一丁目一番地です。

くれ好きの人、もう一度手を挙げてみてください。あ、大分増えている（大笑）。これだから困るんです。電車に乗りきれなかったらどうするか、そのことも考えなきゃいけませんね（笑）。

ま、くれ好きということはいいことです。物惜しみをしないでどんどんくれるのが一番です。気がついたら亭主《ていしゅ》までくれちゃっていたなんて、愉快《ゆかい》じゃないですか（笑）。

ケチな人を「六日《むいか》知らず」というんですよ。これは『しわい屋』という落語のなかに出てくることばです。指を折って日を数えます。一日《ついたち》、二日《ふつか》、三日《みっか》、四日《よっか》、五日《いつか》と、ここまではみんな中に入ってくるから大歓迎なんですが、六日《むいか》というやつはせっかく握ったものが出かけて行ってしまうから、「六日から先は知らねえ」ってんで、「六日知らず」といっているんです。

ケチの横綱は、トゲが刺さっても抜かないそうですね。実入《みい》り、といってめでたいことなんだそうです。トゲくらい抜きましょう。抜けないときは「トゲ抜き地蔵」にお参りすることです（大笑）。

むかし、家内が入院していた病院に、与える専門の患者さんがいました。このかた、十四歳のときに胸の病で入院して、そのとき五十四歳、なんと四十年間寝っぱなしの重度の患者さんでしたよ。目の澄《す》んだやさしいお顔のかたで、毎日、書見台に折り紙を当てて、新しい折り紙の創作に余念がなかった。

なぜそういうことをしていたかというと、入院費も医療費も全部国が負担してくれている。その元は、若い人たちが汗を流して働いて得たお金だから、そのお返しに何かしたいと考えて、折り紙の研究を続けてきたんです。

新作が出来上がると、画用紙に一から十まで折り順を分かりやすく描いて、それを『全国折り紙コンテスト』に出品して、ほとんど彼女の作品が最高賞にかがやく。それらが『おりがみ』という本になって全国津々浦々の幼稚園、保育園に行き渡ります。先生がたや園児たちが喜んで折り紙の時間を楽しむわけです。その先生がたも園児たちも、作者がどういう人かを知らないんですね。彼女はそれで満足しているんです。それが彼女の生きがいなんです。

よく「お金と時間があればなんでもできる」と言う人がいますけど、そんなことはないですね。心があれば、四十年間病みっぱなしの患者さんにも、偉大な社会奉仕ができるということです。与えるということは、心が先立ってはじめてできることなんですね。すばらしい布施《ふせ》のありようだと思います。

みすゞさんの詩は全部で五一二編もあります。今日はそのうちの五編を味わわせていただきました。深く観《み》ること、相手の立場になりきること、こだわらないこと、自然から学ぶこと、与えて生きること、みんなむずかしいことだけれど、少しでもその心を生かしていただけたら幸いです。

五一二編を全部話したいのですが、一編を一〇分で計算しても五一二〇分かかりますから止《や》めときます（爆笑）。

どうぞ、お健やかにお過ごしください。ご清聴、ありがとうございました。

第二話

今を生きる禅のことば

平成二十六年三月二十一日
主催：光徳寺仏教講演会
会場：福島市・曹洞宗光徳寺

「あざやか」と言うんでしょうか。「あっぱれ」と言うんでしょうか。

昨年、わたしは、この会場で「薬師如来《やくしにょらい》」について話をしました。薬師如来の「十二の大願」について、その一つひとつを説明しましたね。一年たって来てみたら、なんと、境内《けいだい》に立派な「薬師堂」が建っているじゃありませんか。驚きました。「あっぱれ」と言うよりほかありません。

こちらへ伺う前に早速お参りさせていただきましたが、こまごまと心が尽くされていて、ほのぼのとした気持ちになりました。わたしが話した「十二の大願」が、額入りで飾ってあったのにはびっくりしました。あのようになさると、忘れていてもまた思い出すからいいですね。ときどきお参りして、薬師如来がわたしたちのためにどのようなことを願いとされていたのか、復習なさるとよいと思います。

今回は、「禅のことば」を勉強いたします。

最近、禅のことばに関する書物が沢山出版されていますね。わたしも旅の途中で何冊か読ませていただきました。みな、分かりやすく、じつによく書けています。

生意気を言わせてもらいますと、どの本についても言えることですが、禅語の解説が丁寧《ていねい》であればあるほど物足りなさを感じるということ、つまり、感動する内容が乏しいのです。

なぜかと言うと、禅は「実体験」のなかにしかないものなので、解説がいかに綿密であっても、心を打ってくるものがないと、ただ読んだというだけで終わってしまいます。そこがさみしいのです。

ここでは、五つの禅語について学びます。一つひとつの禅語の意味する世界を、人はどのように自分のものとして生きるのかと、そこに重点を置きますので、みなさん、それぞれ、ご自分の人生と絡み合わせて聴き取っていただきたいと思います。楽な姿勢で、楽な気分で聴いていただくと、教えがすんなり入っていきます。よかったですね（笑）。

一期一会《いちごいちえ》

だれでも知っている有名な禅語ですね。

「一期《いちご》」というのは、「一生涯《いっしょうがい》」のこと。生まれてから死ぬまでのことです。「一会《いちえ》」というのは、一回かぎり、一生に一度だけの出会い、のことです。茶道の心得としてもっとも大事にされている禅語ですね。

わたしはこちらのお寺さんに毎年伺っていて、かれこれ二十年余りになるでしょうか。またやって来ました、と言うのですが、そのつど一期一会なんですね。去年と今年では、話すわたしも、聴いてくださるみなさんも、一年年《とし》を取っていますから、同じ人間ではありません。もっと厳密に言えば、人間、一秒ごとに老化していきます。今日のあなたは昨日のあなたとまったくちがうあなたなんですね。

だから、朝起きて「お早うございます」と家族が言い合うときも、ゆうべとまったくちがう人と会うわけですから、また会えたことに喜びを抱いて「はじめまして」と心をこめて挨拶をするのがほんとうです。正確に言えば、「ゆうべから八時間しかたっていないのに、ずいぶんあんたも老《ふ》けたもんですね」というのがほんとうでしょうね。

でも、そんな真実のことを言っていたんでは、家庭も社会も滅茶滅茶《めちゃめちゃ》になってしまいますから、我慢して言わないようにしているだけですよ。

久しぶりに会った人が、「あれから三年たつけど、あんた、ちっとも変わらないわ」なんて言ってるけど、よくあんなウソが言えますね（笑）。「すっかり老けてしまって」と、ため息をするのが正しいのです（笑）。みんな我慢しているだけのことです。

今は、便利便利を追いかける世の中になってきたから、会うこと別れることに心がこもっていません。「またね」と言うけれど、ほんとうは「また」という日はないのです。すべては一回かぎりでおしまいです。

一期一会の心を大事にしている人たちの言葉や行動には、心がこもっていていいですね。「一期一会ですもの」なんて言われると、どきどきしちゃいますけど（笑）。

別れたら絶対に会えないのが時間です。過ぎたらもう戻ってきません。大晦《おおみそ》日《か》に「ゆく年・くる年」といっているように、時間というものも、じつは旅人なんです。松尾芭蕉《まつおばしょう》の『奥の細道』には「月日は百代の過客《かかく》にして、行《ゆき》かふ年も又旅人也《たびびとなり》」とありますが、月日も旅人で、去ったらもう戻りません。その、過ぎゆく時間のなかで、わたしたちは会ったり別れたりしているんです。

一生に一度しか会えないのを「一期一会」といっていますけど、ほんとうは生まれる以前からわたしたちは生き続けてきたんですよね。両親、そのまた両親と三十五代さかのぼると、わたしたちの祖先の数は三百四十億を超します。そのなかをずうっと途切れることなく生きぬいてきたのがみなさんです。わたしもそうです。

みなさんとわたしが、今こうして、この日この時間に会っているということは、三百四十億年以上も前から会いたくて会いたくて、この日を目がけて生まれてきたんですよね。そう思います？　そう。よっぽど記憶力がいいんだ（大笑）。記憶のない人は、生まれた瞬間、過去のことを全部忘れちゃったんです。「わたし、このごろ忘れぽっくなって」と言うけれど、今に始まったことではないんですね（笑）。だから、会うということはすばらしいことなんです。別れるということは大変なことなんです。もう永久に会えないのですから。

そこまで考えてから一期一会の世界を見つめるのがほんとうだと、わたしは思うんです。

わたしは、若い時分から全国を歩き回って、多くの人と会い、多くの人と別れてきました。どのくらい別れの悲しさを味わってきたかしれません。おおかたは、もう会えなくなっています。それでも、会うことと別れることに慣《な》れたくはありませんね。一期一会という禅語と出合ってからは、一層そういう気持ちが強くなりました。会うことにも別れることにも心をこめたいと、いつでも、今でも、そう思っています。

小川未明《おがわみめい》の童話に『二度と通らない旅人』というのがあります。

あらしの晩、旅人が一夜の宿を求めて戸をたたきますが、家の者は、どこのだれだか分からない者を家に入れるわけにはいかない、と言って断わります。旅人は土間《どま》の隅《すみ》でもよいからと懇願《こんがん》しますが、それでも断わる。旅人は「水を一杯めぐんでください」と言いますが、それも断わります。

「娘が病気で水をほしがっているが、飲ませれば死んでしまうから、その水もやらないのだ」と言って断わるんです。それを聞いた旅人が言います。「わたしは旅をしているので薬を持っています。この丸薬を差し上げたいから、少しだけ戸を開けてください」。息子が少しだけ開けると、旅人は息子の手のひらに丸薬を落として、そのままあらしのなかに消えてしまいました。「どんな薬だか知れたものじゃない」と思いながらも、「どうせ死ぬんだから飲ませるか」と、両親が奥の部屋に行って娘にその薬を飲ませると、不思議にもその薬が効《き》いて、医者がさじを投げた娘の病気がぐんぐん快復して、とうとう病気が治ってしまいました。

「あの旅人はいったいだれか?」と言って、朝になって探しましたが、どこの家でも「そういう人は来なかった」と言います。家族が後悔するところで、この童話は閉じられています。

わたしはこの童話に感動しましてね、どこのだれだか知らない人にも、親切が大事なのだと思いました。これこそ一期一会なんです。

この童話と、もう一つ『小さい針の音』というのが『小川未明童話集』にあって、それをいつか名古屋の会場で朗読したことがあるんです。そうしたら、終わったあとで一人の初老の女性のかたがやって来て、「今日はすばらしい童話を読んでいただいてありがとうございました。じつは、わたし、『小川未明の童話を広める会』という全国の会の会長をしておりまして」と言います。これにはびっくり、たまげて、驚きました（笑）。

こういうことってあるんですね。そのときのわたしの朗読が、またじつに立派にできて、自分でほれぼれしました（大笑）。

家族も、親族も、友人も、行く先々で出会う人も、全部旅人なんですね。人間ばかりでなく、動物にも、草花にも、雲にも、風にも、一期一会の心を持って、あたたかいまなざしをそそいでいきたいと思います。

一行三昧《いちぎょうざんまい》

「一行三昧」とは、一つの事に心を尽くす、精神を集中して精進《しょうじん》することです。「一行」は一つのこと、「三昧」は一心になることですね。もともとは坐禅を意味することばなのですが、しかし、文字が示しているように、一つの仕事に精進すること、一途《いちず》であること、と受け止めても差し支えないでしょう。

「この道ひとすじ」とよく言われますが、一流になるには、たゆまぬ努力と、長い時間が必要ですね。みなさんのなかにも、この道五十年、六十年という人がいるかと思いますが、一つの事に打ち込んで、それを長く続けるということはじつに大変なことです。

わたしの叔父《おじ》に表具師《ひょうぐし》がいましたが、皇居の障子張りに選ばれたとき言っていました。「毎日障子を貼《は》るだけで、一人前になるまでに四十年かかった」と。唐紙《からかみ》とか、額とか、掛け軸とかは、障子ほどむずかしくないと言っていましたね。障子は、張ったあとしばらくすると、のりが乾いて一ミリとか二ミリとか全体が反《そ》るんだそうです。それを反らないように貼るためには年季《ねんき》が要《い》る。そのためののり作りが一番むずかしいのだと言っていました。

山本周五郎《やまもとしゅうごろう》の小説に『さぶ』というのがありますね。あの主人公・さぶと同じように、叔父は七歳のときから「丁稚奉公《でっちぼうこう》」をして、のり作りをさせられたそうです。仕事の順序を間違えただけで親方から茶飲み茶碗を投げつけられて、体中傷だらけだったそうです。

それが、宮中に招かれるようになった。腕をつけて大職人になるまでには、汗も、涙も、忍耐力も、計り知れないものがあるのでしょうね。

その叔父と一度、時代物の映画を観に行ったときにはお手上げでした。スクリーンに武家屋敷が出てくる。当然、ふすまや障子や掛け軸などが映しだされますね。すると叔父が言うんですよ。大きな声で「あのふすまの張り方は間違っている！」（爆笑）。叔父は映画を観に来たんじゃない。表具の仕上がり具合を観に来ていたんです。周りのお客さんが叔父を見たり、わたしを見たり。わたしはもう恥ずかしくて、穴を探したけどありませんでした（笑）。

しかし、苦労をしてそれほどの腕をつけたのだから立派なものです。一行三昧だったのでしょうね。

知人の佐藤さんという男性は、十五歳のとき、北海道から東京にやって来た。親類のかたの世話で、大きな食堂に勤めて皿洗いをさせられたそうです。

ところが、半年たっても、一年たっても、ただ皿だけを洗わせられている。

ほかの仕事は何一つさせてもらえない。もう辞めようかと思ったこともあったそうです。

あるとき、彼は考えた。「この汚《よご》れた皿は、一分間に何枚洗えるだろう?」それからは、その研究に一筋です。前の棚に枕時計を置いて、皿の持ち方、重ね方、ふきんの種類、洗剤の種類、足の位置、洗う手の角度、ありとあらゆることを研究して、時計と勝負したそうです。

丸二年たって、一分間に二十枚洗えて「やった!」と声を上げたとき、うしろから肩をたたかれた。店長が立っていて、こう言われた。

「二年間、おまえを見てきたが、いい根性をしている。おまえならやるだろう。今日から包丁《ほうちょう》を持たせる」

店長は彼を調理場に連れていき、十種類の包丁の扱い方を指導してくれたそうです。それからの彼は料理に専念し、十年後にはその店を任せられたのです。東京でのわたしの講演があったとき、彼が聴きに来てくれて、そこで、この話を聞いて驚きました。わたしの寺の講話会にも来てくれて、講話が始まる寸前まで庭掃きをしてくれていました。彼の根性たるやすばらしいと思いました。

信念を貫くというところが、まさに一行三昧の世界です。

もう一人、若いときの友だちに大野さんという人がいました。彼は川崎市のある魚屋さんに勤めていました。わたしがアパート住まいをしていたとき、家賃が大変だろうと、一緒に住んでくれて、家賃を半分負担してくれました。

あるとき、彼が言いました。

「人はズボンを片方ずつはくけれど、ぼくはなんとか努力して両足いっぺんにはけるようになりたい」

「飛び上がるのかい？」

「それしか方法がない」

彼が勤めから帰ってくるのが夜の十時。それから彼はほんとうに飛び上がりました（笑）。小さい木造アパートでしたから、かなり揺れますので、彼は両隣や階下の人たちに事情を話して、夜の十分間だけ協力してもらいました。さっきの佐藤さんのように、やはり研究に研究を重ねていましたね。跳躍《ちょうやく》の仕方、ズボンの持ち方、足の角度、両腕の伸縮の敏捷性《びんしょうせい》、おしまいにはきれいに切った爪《つめ》に塗《ぬ》る油の研究までしていました。ステテコからズボン、そして最後には股引《ももひき》です。股引の先は細くなっていますから、これが大変。

でも、とうとう七十五日目に股引がいっぺんにはけたんですよ。笑い事じゃありません。見ているわたしも思わず拍手をして涙でした。

そのあと、彼は言いました。「努力すればできるということが分かった。ぼくはやります！」。何をやるかって、彼は勤め先の魚屋さんを日本一の魚屋さんにしてみせる、こう言うんです。そのころテレビでよく「日本一の〇〇屋さん」というのが紹介されていて、彼は、それに挑戦してとうとう「日本一の魚屋さん」に選ばれました。

「清潔日本一」ですから、その努力たるや大変です。いくらお店をきれいにしても、ハエとかハチとかは外から入ってきますよね。だから、彼は近くの溝とか公園とかの清掃にまで手を伸ばしていきました。

それで終わったわけではありません。彼は働きながら短歌を作っていました。佐藤佐太郎《さとうさたろう》先生主宰《しゅさい》の『歩道』という短歌雑誌で学んでいました。全国には沢山の短歌雑誌があって、新人の代表作家が三十首を競い合い、彼は「日本歌人クラブ賞」というでっかい賞を受賞してしまったんです。

そこに至るまでの努力というものは並大抵《なみたいてい》のものではありません。涙ぐましい努力の、上の上でしたよ。

一途《いちず》、という根性や姿勢はすばらしいものです。これらはみな「一行三昧」の世界です。打ち込む、という心根の美しさですね。「わたしは、そういう根性を授かっていない」と思ったら、その人は陰《いん》の人生を歩んでしまいます。「そうか、やる人はやる。自分にも何かができるはずだ」と思って立ち上がることが大切ですね。

明るい陽《よう》の心で歩んでいきたい。人のかがやきというものは、そういう姿勢にあるのだと思っていただけるとありがたいですね。

柔軟心《にゅうなんしん》

この禅語は『法華経如来寿量品《ほけきょうにょらいじゅりょうぼん》』のなかにある「質直意柔軟《しつじきいにゅうなん》」から出ています。

しなやかな心、片寄らない心、傷つかない心、周囲のものとよく調和してゆく心のことをいいます。

わたしたちは、もともと柔軟な心を持って生まれてきているんですが、複雑な人間関係のなかで、肉体的にも、精神的にも、経済的にも、疲れてくるにしたがって、汚れたり、ゆがんだり、とんがったりしてきます。言わなくてもいいことを言ってみたり、小さなことで怒ってみたり、我《が》を張ることが多くなってきて、自分で自分を押しつぶしてしまいます。

一人になって反省すると、素直でしなやかな自分が見えてくるのですが、一歩人混みのなかに出ていくと、肩を張ることが多くなっていく。つまらないことに腹を立てる、じつに情けない人間になってしまっているのですね。

ところが、柔軟心の教えを知っている人と知っていない人とでは大変なちがいが生じてきます。知っている人は軌道修正ができるんです。「ああ、いけない人間がここにいる。こんなときはどうすればいいのか？　そうだ、柔軟心を忘れていた」と、そこに気がつくんですね。知らない人は気がつくはずはなく、そのまま自分を押し通してしまいます。だから、勉強しておくということが大切になってくるんです。

勉強していない同士が、おたがいに我を張り合うと、大きな争いが始まります。


ある年のこと。わたしは東京の新宿駅からタクシーに乗りました。

「お客さんはどちらからお越しですか?」

「群馬県の山の中です」

「山の中って、どちらです?」

「草津温泉の少し手前です」

「え?　草津温泉?　ほんとうですか」

と、運転手さんはすっとんきょうな声を上げました。

それからですよ、運転手さんがしゃべり続けたのは(笑)。

つい、この間のことだったと言います。運転手さんの仲間十数人で草津温泉のある旅館に泊まりに行ったそうです。宴会《えんかい》で遅くまで騒いでいたら、仲居《なかい》さんが来て「時間が過ぎていますので、そろそろご飯を召し上がっていただけますか?」と。「飯《めし》なんかまだ早い。おれたちはもっと飲むんだ!」。

ここから争いが始まったそうです。大威張りに威張って、それからまた飲んで、ふらふらになって部屋に戻り、また飲んだ。最後にご飯を食べようと思っておひつのふたを取ったら中は空っぽ。ご飯が入っていない。そこで、仲居さんを呼んだら、「だれがご飯を持ってくるもんですか。お客さんはおひつを持っていけと言ったじゃありませんか」(笑)。

これで大ゲンカになったそうです。しまいに宿の主人が出て来ます。

「お客さん、分かってくださいよ。うちの仲居はパートで働いているので、時間には家に帰らなければならないんです。責任はわたしにありますが、しかし、お客さんもお客さんですよ。時間を一時間もオーバーして、その言いぐさはいったいなんですか!」

これでまた争いが大きくなった。けっきょく運転手さんたちは翌朝早く、ご飯も食べないで全員帰ってしまったそうです。腹へったでしょうねえ(笑)。

その運転手さん、わたしに言うんですよ。「もう草津へなんか絶対に行きませんよ。群馬は大嫌いです!」。まるでわたしが怒られている。わたしが群馬を代表しているみたい（笑）。

みなさんね、ここでちょっと考えてもらいたいんですが、これ、運転手さんと、仲居さんと、どっちが悪いのでしょう？　時間がもったいないからわたしのほうから言いますけど（笑）、これ、両方が悪いんですね。酔っ払いも悪いし、たんかを切った仲居さんもいけない。おまけに主人までけんか越し（笑）。これじゃ事は収まらなくなります。

みなさん、もうお気づきですよね。そうです、双方に「柔軟心」がなかったからです。柔軟な心の持ち主は、にこにこしていて事に巻き込まれません。自分を客観視できるからですね。こんな時どうすればいいか、ということがすうっと分かってしまうんです。柳に風のように、かるく受け流すことができる。そうして、すんなりと最善の道を取ることができるんです。

松尾芭蕉《まつおばしょう》は、道を間違えたとき、おかげで別の風景を楽しむことができた、と喜んでいます。行き詰らないしなやかさがあるからですね。それこそ柔軟心というものでしょう。禅の世界は、この心を大切にしています。

隋《ずい》縁《えん》

縁に随《したが》うことを「隋縁」と言っています。縁は目に見えない大自然の仕組みを通して訪れてくるものですから、わたしたちは縁を選ぶことはできません。ただ結果を見て良縁・悪縁と言っているだけです。

人間は縁があって生まれてきています。そして、縁があって知り合っています。人間の意志とか思考力に関係なく、はるか彼方《かなた》から訪れてくる、それが縁なのですね。

しかし、それが縁のすべてではないのです。善い人に近づけば善人になるし、悪い人に近づけば悪人になります。この「近づく」という行為が、新しい縁を生み出していくのです。

「なるようになる」といって、まかせっぱなしにしておくのを「縁に随う」といっているのではないので、ここのところを誤解されると困ります。人間が物事に積極的にかかわっていくことを含めて「隋縁」の世界はあるのだと受け止めてください。

そこのところを道元禅師はこうおっしゃっています。

人の心本《もと》より善悪《ぜんなく》なし。善悪は縁に随《したがい》て起る。（中略）善縁《ぜんねん》にあへば心よくなり、悪縁に近づけば心悪くなるなり。我が心本より悪《あし》しと思ふことなかれ。只《ただ》善縁に随ふべきなり。（『正法眼蔵随聞記』巻五）

「随縁」ということばは、ここから出ています。これをわたしは「縁をはぐくむ」と言わせてもらっています。

わたしが二十四歳のときでした。東京の高尾山で俳句大会が開かれ、それに参加しました。大勢の人が集まって山歩きをしながら俳句を作る。会場は町の公民館。なかなか俳句ができなくてね。みんなに遅れて一人で山を下ってきたら、ちょっと引っ込んだところに一軒の農家があって、石垣沿いに山吹《やまぶき》の花がきれいに咲いていました。

一句できそうだと思ってその道を入っていったら、縁側の外の庭にござを敷《し》いて、少年が一人、桶《おけ》を作っていた。農家でもあり、桶屋さんでもあったんですね。わたしは遠くのほうにただずんで見ていたんですが、少年はわたしに気づいていません。両ひざの内側に桶をはさんで、木のつちでたがを打っていました。たがというのは桶にはめる竹の輪です。それをトントン打っていて、首を上げないからわたしに気づきません。

その少年を見ていたわたしは、くぎ付けになってしまったんです。少年があまりにも一生懸命に桶を作っているので、その意気込みに感動してしまったんですね。

そのころ、わたしは大学を卒業して三年目でした。卒業したら群馬に帰って寺の後継ぎをするという両親との約束を破って、義兄（姉の夫）が経営する建設会社に勤めていたんです。寺へ帰るか、帰らないか、自問自答を続けていたときでした。

少年は本気で桶を作っている。それを見てわたしは思いました。

「あの少年は、桶屋さんの後継ぎになるのを喜んで桶を作っているのか、それとも親の命令で仕方なく作っているのか、どっちだ」

少年の仕事ぶりを見ると、あきらかに喜んでいるほうなのです。わたしは一瞬、少年の姿を自分に重ねて考えました。

「自分もいずれ、山に帰って寺の後を継ぐ。喜んで継ぐのか、仕方なく継ぐのか。どうせ継ぐなら、やる気になって本気で継ぐべきではないか」

ほんのわずかの時間のなかで、そのことを考えたのです。

わたしは遠くのほうから少年に一礼して、そこを去りました。坂道を下りながら思いました。

「そうか。おれの前途をしっかりさせるために、仏さんが少年の姿に会わせてくれたのか。だったら、おれは迷うことなく山に帰って寺の後継ぎをするのだ！」

わたしは、力が湧《わ》いてくるのと一緒に、涙まで出てきちゃいました。おかしなものですね。そのとき、俳句ができました。

山吹や桶つくりをる桶屋の子

今まで見たこともないような、いい句です（笑）。

みんなに遅れて公民館に駆けつけ、ほかの、へんちくりんな俳句と一緒に五句を投句したんです。これが、なんと、大先生の特選に入りましてねえ。激賞されたんです（拍手）。またまた涙でしたよ。生涯、忘れられない一句となりました。

このことがあって、わたしの心の準備が始まり、昭和三十五（一九六〇）年の春、わたしは勤めを辞めて故郷に帰りました。二十五歳でした。むかしの話ですが、昨日のことのように思い出すことができます。

このことで、わたしが考えるのは、「人には目さえ合わさない出会いというものもある」ということなんです。あのとき、桶を作っていた少年は、わたしが見ていることに気がつきませんでした。しかし、わたしのほうは、自分の人生を決定づけられています。だから、知り合わなくとも動かされているということなんですね。これもすばらしい縁です。そういう縁も含めて「縁に随う」という世界があるのだと、わたしはそう思っています。

知り合わない縁というものもある、このことで、もう一つ聴いていただきたい話があります。

これは、群馬県の新聞に『上毛新聞《じょうもう》』というのがあって、「ひろば」という読者のページに、むかし昭和五十七（一九八二）年に載っていた話ですが、内容に永遠の新しさがあるので紹介します。

投稿した人は、わたしの寺の檀家《だんか》さんなのです。わたしがよく知っている人で、名前を青木茂樹《あおきしげき》さんといいます。ここに当事の新聞の切り抜きを持ってきているので、まずはこれを読んでみます。

私の転機　　青木茂樹

小学校を卒業したわたしは、農業をしたり、榛名山《はるなさん》の国有林の造林人夫をして働いていました。造林人夫というのは、営林署の役人の指導監督の下で、苗木を植えたり、下草を刈ったり、枝打ちをしたりして、木を育てる仕事です。

初夏のある日のことでした。榛名山へ杉の苗木を運びにいきました。

「せっかくここまで来たのだから、榛名神社へお参りしていきましょう」

とお役人がいいました。そこへ、先生に連れられた小学生の遠足の一団が通りかかりました。ひとりの男の子が石につまずいて石だたみの上にころびました。足から血が流れています。若い女の先生がかけよってきて、手さげの中から薬を出してぬり、真新しい手ぬぐいをびりびりとさいて足をしばりました。

「もったいないのに」。そのころ、もう木綿の手ぬぐいなどはなかなか手にはいらない時代でした。男の子は先生の肩に手をかけて空を見上げていました。うるんだ目に、木の間ごしの青空がうつっていました。

「よし、おれは学校の先生になる」

わたしは造林小屋で手ランプをつけて勉強を始めました。翌年四月、恩師のすすめで村の分教場の小使いになりました。その八月、教員の検定試験を受け、その年の暮れ、恩師の世話で山の中の小学校へ行李《こうり》を背負って代用教員として赴任していきました。昭和十四年十二月のことでした。

これが新聞に載ってからすでに三十年以上経過していますが、この内容をわたしはつねに新しいと思っています。縁を生かしているからです。ふれ合ってもいない、ただ遠くから見ただけの光景で、自分の人生を自分の意志で変えてしまっているんですね。

一輪の花を見て人生を変えたという人の話もありますが、現代ではそういうことはあまりないのではないかと思います。なぜでしょう。時代の波に乗って生きていくのがいそがしくて、そんな心の余裕はないのですね。余裕がないということはさみしいことです。

この文章を書いた青木さんは、何によって心を動かされたのでしょうか。男の子がけがをしたとき、若い女の先生が手ぬぐいをさいて手当てをしてくれた。そのとき男の子は先生の肩に手をかけて空を見上げていた。その目には青空がうつっていた、と書いてあります。これだと思うんですよね。

男の子は泣き出したわけではありません。すぐ駆けつけてくれた先生がいたので、安心してすべてをまかせきっているのです。この状景を見て青木さんは「おれは学校の先生になる」と決心されたんです。子どもたちから信頼される先生ほど、この世に美しいものはない、と思ったのかもしれませんね。

そして、青木さんはランプの下で勉強を続けて、とうとう学校の先生になってしまった。この信念と努力がすばらしいと思います。

新聞を読んだ日の夕方、わたしは二キロ先の青木さんを訪ねて感動を伝えました。喜びましてねえ。ご自分の文章が載った新聞を沢山見せてくれました。新聞には二十回もの文章を載せていたんですね。

戦争でパラオへ行ったときの話もしてくれました。小学校の職員室で、子どもたちの歌を作って、楽譜《がくふ》を半分書いたところへ赤紙（召集令状）がきた。机の中に楽譜を納めながら言ったそうです。「待っているんですよ、必ず帰ってくるから」。そう言って戦地へ行って、幾多の危機にさらされながらも、命一つは助かって帰ってきた。職員室へ行って机の引き出しを開け、「お待ちどうさまでしたね」と言って、残り半分の楽譜をその日のうちに書き上げたそうです。涙ぐみながら話してくれました。

青木さんが、子どもたちのために作詞作曲した歌は一二〇曲を超えています。教え子のなかには「ぜったい音楽の先生になる」と決心して、東京の音楽大学を出てほんとうに音楽の先生になった人もいます。信頼される先生の力というものはすごいものだと思いました。

あのとき、ころんだ男の子とやさしい女の先生がいたから、青木さんの人生は変わり、教え子から音楽の先生が生まれたということでしょう。それが一つながりであるところに、わたしは感銘を深くしているんです。

近くの駅のホームで、青木さんと二人だけで電車を待ったことがありました。川の向こうに、私の寺の山が見えます。その山の、も一つ奥に青木さんの家のある山が見える。ひぐらしの声が聞こえてくると、青木さんが言うのです。

「お寺の山のひぐらしは、美しい声。うちの山のひぐらしは、少しだけ、美しい声」

青木さんの目の美しかったこと。このへんではちょっと見られない美しさでした（笑）。ごめんなさい。

「随縁」。縁に随うということはすばらしいことですね。そして、善縁、よき縁を生かすということは、もっとすばらしいことだと思います。

桶を作っていた少年も、石だたみにころんだ男の子も、それを見ていた人の人生が大きく変わったことなど、まったく知りませんね。こういう世界がわたしたちの人生にはあるんだということを、現代を生きる人たちには、もっともっと知ってもらいたいと思います。

みなさんを見て、人生が変わったという人も、どこかにいるんでしょうね。いませんか（笑）。それなら、お帰りのとき、石だたみでころんでみましょうか。ころんでも、駆けつける人がいなければ、さまになりませんね（大笑）。

清風明月《せいふうめいげつ》

「清風」というのは、お釈迦《しゃか》さまの教えのこと。「明月」というのは、わたしたちだれもが生まれながらに持っている美しい心のことです。

よほど意地悪でひねくれた人でもね、あたたかい心に出合うと、ほろっと涙することってあるんですよね。その心はもともとそなわっている心なんです。それを「仏心《ぶっしん》」といっています。明るい月なのです。

テキストの最後に、短歌と詩と俳句を載せておきました。それらを通して、心のなかの「明るい月」をたずねてみましょう。

草はらにまぎれて昼は見え難く夕日届けば光る石あり　浜田康敬《はまだやすゆき》

この短歌が仏教と関係があるということではありません。短歌は文学ですから宗教とはまったく別の世界のものです。ただ、仏教の道を歩んでいる人間が、仏教とは別の文学作品を見て「あれッ」と思い、そこから大いなるものを学ぶことがあるとすれば、それはその人の自由で、大いに感動を得てほしいと思うのです。

草の深いところにあって昼間は見えない石なのに、夕日が届くと光る、と言っています。ただそれだけのことです。その他のことは何一つ言っていません。ところが、この歌に出合ったとき、わたしは動けなくなるほど心を打たれました。その石がどうしても人間に見えてきて仕方がなかったからです。

もし夕日が届かなかったら、この石は石として存在しなかった。夕日が届いたから光って、石として生まれた、ということでしょう。無《む》が突然有《う》に変わっているのです。

人もそうではないでしょうか。どこからも見えない草深いところで、こつこっと立派な仕事をしていて、まったく世に出てこない人だっていますよね。その人に一筋の光があたって、世の中に引っぱり出されたら、たちまち大女優になったなんて、ない、かも、しれません（笑）。しかし、あるかもしれません。

世の中には、その光さえ知らないで、陰《かげ》に隠れていい仕事を沢山積み重ねている人が、意外と多いのではないかと思うんです。夕日になって照らすことができたらいいですね。

この一首のなかの、この石の存在感、力感がすごいと思いませんか。石は、その辺の道ばたにころがっている石でも、五千万年の歴史を持っているといいます。この草はらにまぎれている石もそうなのかもしれません。この作者にとって、この石は天地を代表し、宇宙を語る石となり得たのです。

みなさんの心のうちにも、天地を代表する石が隠れているかもしれませんね。ただ夕日が届かないだけだと思います（笑）。

人間の心の草深いところには、「光る石」もあれば「明るい月」もあるんです。待ってても待ってても夕日が届かなかったら、自分からかかがやき出しましょう。かがやくためには、かがやいているものを学び取ること、それが大事だと思います。

石　浜田広介《はまだひろすけ》

道ばたの石はいい
いつも青空の下にかがみ
夜は星の花を眺め
雨にぬれても風でかわく
それに第一
誰でも腰をかけてゆく

これも石ですね。なんとまあ美しい詩であることでしょうか。道ばたの石になりきっているところがいいです。青空、星、雨、これらを眺めている石のこころが素敵《すてき》ですね。「それに第一」ということばがじつによくはたらいていて、最後に「誰でも腰をかけてゆく」、それを遠くから眺《なが》めて、「道ばたの石はいい」と言っているんです。作者の心に清風《せいふう》があり、明月《めいげつ》があるから、こういう詩ができるのだと思いますね。

「美しいものってなんだろう」と、これをいつも考え求めている人だけに、美しさは発見されるんです。浜田広介さんの童話に『泣いた赤鬼』とか『竜の眼の涙』などがありますが、みんな「真」とか「美」とかを求めて書いたものばかり。きっと幼いころから「美しいもの」を求め続けていたのでしょうね。

俳人・高浜虚子《たかはまきょし》は「美育が大切だ」と言っています。美育というのは、美術・音楽・文学などによる情操教育のことをいいます。幼いころから、そういう教育を受けさせることが大切だということですね。

そうすると、大人になってからも、自然からいろいろな美を受け取ることができる。

みなさんも石ころを見て感動していますよね。「つまずかなくてよかった」と（笑）。その心も大切だと思います。

お釈迦さまは「自然から学びなさい」とよくさとされました。今からでも遅くはないと思うことが大事です。心に明月を持っているんですもの。

もう一つ、石の俳句がありますね。

絶えず人いこふ夏野の石一つ　　正岡子規《まさおかしき》

「夏野」という季語がはたらいています。一人がその石に休んで立ち去ると、また別の人が来て汗を拭《ふ》きながら腰を下ろす。人の幸せのためにだまったまま役立っている石なのです。でも、「人の幸せのために」なんて石は考えているわけではありません。ただそこにあるだけです。

「この石のように生きよう」なんていうと文学ではなくなってしまいます。感情を突き放していればこその俳句の深さがあるということです。しかし、この石は人間以上にかがやいています。

わたしはよく色紙に「こころに月を」と書いていますが、これは、すべての人の心のなかの「明月」（仏心）を信じている気持ちと、自分もその月を失うまいという誓いとを、重ねて書いているものなのです。

五つの禅語に学びました。今さら言うまでもありませんが、禅語というものは「実体験」を通さないと理解できないものです。五つの禅語のなかに「これこそわたしの人生に」と受け取れたものがありましたか？　おやおや、みんなうなずいていますねえ。あんまりうなずかれると、首を傾《かたむ》けたくもなるものですね（笑）。

疑うことは仏教ではいちばんいけないことだと言われています。みなさんを信じて、また来年伺いますね。来年まで、大丈夫ですか？

ありがとうございました（笑・拍手）。

第三話

縁・めぐりあいの不思議

平成二十六年五月十五日
主催：盛岡市内曹洞宗寺院
会場：岩手県民会館大ホール

またやって来ました。今回で二十二回目です。まあ、沢山集まってくれました。百、二百、三百、ああ、全部で七五九人ですね（笑）。二十二年前は二〇〇人くらいでしたよ。一年ごとに増えて、会場も次々に変わって、とうとう県民会館まで漕《こ》ぎつけて、みなさんのご熱意にはあきれてしまっています。来年は一万人を超えるでしょうね（笑）。

最初のころは、翌日の朝もやったんですよ。当番のお寺さんが会場で、朝六時半からの勉強会。「正法眼蔵随聞記《しょうぼうげんぞうずいもんき》講話」というのをやった。これはちょっと苦しかったです。何しろ、前の晩、懇親会で飲まされますからね、翌朝ふらふらなんです。

それでもみなさん、よく集まってくれました。お勤めのかた、学生さんたち、出掛ける前に仏教の話を聴こうというのですから、盛岡の人たちってすごいなあと思ってね、こっちも負けていられませんでした。本堂に入りきれなくて、庭にしつらえたモニターテレビで聴いてくれましたよ。茶の間も、お勝手も、人でいっぱい。ちょっとほかでは見られない光景でした。

それが四，五年続いて、そのうち主催者もわたしも年を重ねてきたし、社会全体の様子も変わってきて、二日目はやらないことになったんです。その分、一会場にどっと集まってきてくれているのだと思います。

今日は何曜日でしたっけ？　ああ、木曜日ですね。今、世界で一番偉い人というのは、木曜日の午後、仏教の話を聴きに集まる人たちです（大笑）。

でも、こういう会を設営してくれる主催者がいなければ成り立たないわけですから、主催してくれる盛岡市のお坊さんたちが一番偉いのかな？　しかし、主催者がいて、聴講者がこんなにいても、話をしてくれる先生がいなければどうにもならないわけですから（大笑・拍手）。それこそ三位一体《さんみいったい》ということでしょうねえ。ま、しっかり勉強しましょう。

短い時間と長い時間

「光陰矢の如し」で、十年、二十年は、あっという間に過ぎ去ります。

仏教で、命の短さを「一弾指《いちたんじ》」といっています。一回指を弾《はぐ》く、その間に一生が終わってしまう、というんです。ちょっとやってみてください。中指を親指で引き止めます。力を入れて弾きますと、中指は目に見えない速さで上に行きますね。一回指を弾くので、これを一弾指といっているんです。この速さは速い人で六〇分の一秒だといいます。そんな短い時間のなかに人の一生はある、ということなんです。

そう言われてもあまりピンとこないでしょう。今日もこうして生きているし、たぶん明日《あした》もあると思っているだろうし、十年先の計画もあるとしたら、指を弾いただけで終わってしまってはとてもかないません。

そこで、その短さを痛切に感じるためには、それとは反対に長い時間はどうなのかと、それを考える必要があるんですね。

テキストを見ていただきましょう。人生の短さを納得させるために、お釈迦《しゃか》さまは逆に長い時間のことをこう説明されています。読んでみます。

① 芥子劫《けしこう》の教え

鉄でできたお城（鉄城《てつじょう》）があり、大きさは「四方上下一由旬《しほうじょうげいちゆじゅん》」。一由旬は、三百八十四里一百三十歩（約一五〇〇キロ）。その城に芥子粒《けしつぶ》を満たし、百年ごとに一粒ずつ取り除いて、その芥子粒が全部なくなるまでの時間、これを「一劫《いっこう》」という。「百千万億劫・」とはどのくらいの時間であるか。

②磐石劫《ばんじゃくこう》の教え

大きな石（大磐石《だいばんじゃく》）があり、これも「四方上下一由旬」（ざっと本州くらいの石）。この石を百年に一度、やわらかな刷毛《はけ》ですっと軽く撫《な》でるとする。撫でられた石はわずかではあるが減る。減って減って、そんな大磐石が全部なくなるまでの時間、これを「一劫」という。「百千万億劫・」とはどのくらいの時間であるか。

どちらも気の遠くなるような時間です。よくこういうたとえ話を考えられたと思いますね。現在では、光が一年間に達する距離を一光年といって、おおその長さが理解できますけど、お釈迦さまのころは、そういう言い方はなかった。

だから、芥子劫や磐石劫で説明するよりほかなかったわけです。

こういう長い時間を説明した上で、短い人生を考える、それが一弾指の意味なんです。そのくらい短い人生なのだから、この一日、この一刻を大切にしなさいと、これをさとらせるために用意されたたとえ話であるわけですね。聞いている人がうなずかざるを得ない親切な教え方であると思います。

このごろでは寿命《じゅみょう》が延びて、人生百年もめずらしくありません。しかし、その百年も一弾指のなかに入ってしまいます。だからこそ「今日一日」が大事なんです。みなさんは、残り少ない人生のなかの一日を、こうして学ぼうとして集まってきている。世界で一番偉い人と言われれば、納得でしょう（大笑）。

だけど、こうした集まりも、もう二度とないのですよね。来年またあるとしても、このなかの何人かは宇宙旅行に出かけられるだろうし、わたし自身の命だって分かりませんから、今日という日は今日でおしまいです。来年は来年、けっして今年の続きではなくて、それはそれでまったく別なのです。

真民さんとのめぐりあい

仏教詩人と言われて有名だった坂村真民さんに、『一期一会』という詩があります。

一期一会

坂村真民《さかむらしんみん》

思いもかけない人との出会い
思いもかけない人の手を握り
一期一会の喜びと
一期一会の悲しみをする
時には人ではなく
木であったり
石であったりもする
そして時には人よりも
木や石の方が
もの言わぬだけに
無限の感動を覚え
涙のにじむことがある
無常といい

永遠といい
命のやりとりのせつない尊さよ

（『坂村真民詩集』より）

このとおりだなあ、と思いますね。人間同士の出会いもさることながら、わたしたちは人間以外のものとの出会いもいただいて、自分が考えさせられてきています。黙っている石を見て反省したり、伸びてゆく木を見て希望をいただいたり、毎日毎日が感動です。何を見ても感動しない、という人もいるんですよ。そういう人は、そんな自分がいる、ということに感動しなければいけないんです（笑）。

坂村真民さんとわたしとの「めぐりあい」もおもしろいのですよ。群馬県に今井さんという読書家がいましてね、このかたが、あるとき前橋市の本屋さんへ本を買いに行ったんです。ポケットの中に六千円分の図書券があったのだそうです。書棚を見ていたら『酒井大岳随筆「朝の音」』が目に入った。これは、わたしの最初の本で昭和三十九（一九六四）年の出版です。体験談を二十六編まとめたものです。

その最初のところに「海を見る乞食」という文章があります。今井さんはこの一編を立ち読みして、こいつはおもしろいと思った。店長がいたので聞いてみたら、発売になったばかりで沢山あるという。定価は三百円。ポケットの中には六千円分の図書券。二十冊あるかと聞いたらあるという。今井さんはこれを全部買って両手にさげて家に帰った。そして、日頃から親しくしている、あの人この人に、全部郵送してしまったそうです。

貰った一人に坂村真民さんがいた。わたしは、そんなことちっとも知らなかったんですが、ある日、真民さんから突然手紙がきて、そのことを初めて知ったんです。真民さんの随筆集も送られてきた。これにわたしが手紙を書く。これが始まりで、愛媛県と群馬県とを手紙が行ったり来たりする。

そのうち真民さんからの案で、「二人とも高校で国語の教師をしているのだから、どんな授業をしているのか、おたがいに自分の授業を録音して、テープを交換し合おうではないか」と。驚きましたね。わたしは二十代だったし、真民さんは四十代で、教頭先生で、詩人です。どうしようかと迷っているうちに、手のほうが喜んで返事を書いちゃって（笑）。それからしばらくテープの交換が続きました。うちの生徒たちも喜んじゃって、愛媛県の生徒たちと友だちになったみたいだと、次のテープを心待ちするようになりました。

この交換授業を始めて二年目の夏、北鎌倉の円覚寺で「仏教のつどい」が開かれ、なんと、そのときの講師が真民さんとわたし。とんとん拍子の出会いでしたね。円覚寺の庭で手を取り合って喜びました。身長まで同じでした。どうでもいいことですけど（笑）。

広い本堂で、真民さんが「石笛」を吹いてくれましたね。平べったい小さな石の真ん中に穴が空《あ》いている。人間が開《あ》けた穴ではなくて、岩から落ちてくる一滴一滴のしずくが開けた穴です。こういう石を見つけるために、真民さんは旅をされたといいます。三つも四つも持ってこられました。その石を口に当てて吹いてくれた童謡の見事さ。石にはこんなにも美しい音色《ねいろ》があるのかと、みんな感動の声をあげていましたね。

だから、真民さんの詩にあるように、「木や石の方が、もの言わぬだけに、無限の感動を覚え」ということがほんとうのことだと信じられるのです。

「無常といい、永遠といい、命のやりとりのせつない尊さよ」。たしかにこのとおりで、出会っても別れなければならない無常という世界のなかでしかわたしたちは生きられません。しかし、人の心は永遠に受け継がれていきますから、せつないけれども尊いということでしょうね。真民さんは、それを「命のやりとり」と言っているのです。

坂村真民さん、といえば、「念ずれば花ひらく」ということばが有名です。世界中に四百数十基の碑《ひ》が建っているということです。お釈迦さまのふるさとであるネパールの〝ルンビニ苑〟にも、太い菩提樹《ぼだいじゅ》の空洞の中に、この碑が建っていました。「心から思っていることは必ず花ひらく時を迎える」、希望を与えてくれる美しいことばだと思います。

真民さんは十年ほど前、九十七歳で亡くなられました。一万数千編もの詩を作られています。とくに「一期一会」のこころを多く詠《よ》まれています。

会うべくして会う

人と人とが出会うということ、これを「めぐりあい」といっているのですが、どうして巡り合うのか、考えれば考えるほど不思議な世界だと思いますね。

わたしは今、ここで話をしていますし、みなさんはそちらで聴いてくださっている。このこと自体、不思議な巡り合いなのだと思います。どこかにちょっと間違いがあれば成立しないことですからね。

ゆうべ、ある所で、ある人たちとおいしいものをいただいたのですけど、「もう一杯！」と勧《すす》められたとき、立派に断わったから今ここに立っていられるわけでしょう。明日があるから、と思って我慢したわけですよ。あれを「はいよ」と言って受けていたら、調子が出てきてもっと飲みたくなるだろうから、当然のごとく二日酔いになって、こんなふうに元気でしゃべれませんよね。

また、相手の人が強引に勧めてくれなかったことも、この元気さに関連しています。何かのお手伝いがあって、ここに私という人間が運ばれてきている。このことを考えると、今ここに命があるということが不思議でならないわけですよ。

みなさんだって、お昼に食べたもので腹痛《はらいた》を起こしたら、そこにはいられないわけでしょう（笑）。この県民会館の正面の階段を登るときに、足を踏み外してころんで、腰の骨を折らなくて、おめでとうございます（大笑）。だから、みんな、うまい具合に運ばれてきて、今があるんですよ。運ばれてきた者同士が出会っているんです。

その、運んでくれた力はどこから来ているのか、それはいったいなんなのか。だれにも分からないのです。分からないから〝縁〟と名づけているんですね。

お釈迦さまは「縁起《えんぎ》」と言われました。人と人とが会うのは、会うための条件がすべて調っていて、その条件はどこから始まったかというと、この大宇宙が始まる、それより以前に戻ってしまうというのです。気が遠くなるような時間の流れのなかで、原子のような小さな命と命がふれ合い、からみ合い、かかわり合って、また別の世界を生み出し、それが何億という数にまで増えていって、その中から不思議にも「あなた」という人間が創り出された、というんですね。

だから、みなさんは、はるかの、そのまたはるかの世界からやって来ているということですよ。わたしは、それを「道のり」と言わせてもらっているんですが、松子さんには松子さんの道のり、梅子さんには梅子さんの道のりがあって、その道のりが二人を会わせるべく接近してきて、ばっちり出会っているんですね。はるかの世界からやって来た記憶がありませんか（笑）。無理ですよね。きのうのことだって覚えていないんですから（大笑）。

ほんとうはね、人間は何千万年も歩いて来た道のりを覚えているんですよ。ところが、途中に「忘れ川」という川が流れていてね、その川を渡った瞬間、過去の道のりを全部忘れてしまうんです。その時、人間は生まれているんです。だから、「このごろ忘れっぽくなりまして」なんて言ってるけど、とんでもない、生まれる前から忘れっぱなしじゃないですか（笑）。全部の人がそうなのですから安心してください。

そういうわけで、人間は過去の道のりを全部忘れてしまっているので、出会えたことを不思議としか言いようがないのです。「ご縁がございまして」なんて、きれいなことばで言ってるけれど、翻訳すれば、「なんだがわがんねげんども、会っちゃたんだから、すかだなかんべ」ということですよね（大笑）。

それでいいと思いますね。過去のことを事細かに覚えていて、「じつを言いますと、今から八千三百九十九年前に、こんなことがありまして」なんて話し出された日には、一升ラッパ飲みして死にたくなりますもの（笑）。
しかし、「ご縁」という言葉は、いい言葉だと思いますよ。
これを「えにし」と言えたら、もっと品が高いのですがね。
資料を見てください。とても素敵な短歌を一首載せておきました。

　この星にふたり会ふべく生れ来《こ》しえにし尊《たっと》ぶけふ嫁《とつ》ぐ子に　伊藤幸子《いとうさちこ》

伊藤さんは、ここ岩手県のかたで、東北を代表する歌人です。平成二十二年の年賀状に、こう書いてありました。

　十一月に末子が嫁ぎました。披露宴《ひろうえん》で花嫁が三味線を弾き、婿《むこ》どのの姪《めい》（小・中学）が民謡をうたいました。古くて新しい感動がありました。

そして、この歌が書いてあったのです。いい短歌だなあ、と思いました。この星というのは地球のことですね。天にはあれほどの星があるのに、二人はこの地球を選んで生れてきたのだと言います。会うべくして生まれてきた。これは、さっきも言ったように、二人の過去の道のりがだんだん近寄ってきて、ついに会うことができたということ。偶然ではなくて必然の世界を言っているんです。会えるように、会えるようにと、二人はそれを願って何億年も生きぬいてきた、ということです。

仏教の世界に偶然はありません。「因《いん》・縁《えん》・果《か》」といって、原因があり、条件があり、結果があるのですから、これは間違いなく必然なのです。

二人はそのようにして出会ったのだと、母親の伊藤さんは涙ぐんでいます。「えにし」と平仮名で書いているところに、道のりを想う気持ちが表われています。その「えにし」を「尊ぶ」というのがまたいい。お二人の幸せを祈る気持ちがあふれているのです。

「古くて新しい感動」、なるほどと思いました。花嫁さんが三味線を弾いて、婿さんの姪ごさん二人が民謡をうたった、なんて、ちょっと今どき見られない新しさです。伝統あるものは常に古くて新しいのですね。

一首は旧かなづかいです。「会ふ」とか「けふ」とか、これはもう現代かなづかいにしたら、とたんに深さも品格もなくなってしまいます。なぜでしょう。説明すると一週間かかるのでやめときます（笑）。

この一首については、もっともっと称《たた》えたいのですが、作者の伊藤幸子さんがこの会場にいらっしゃるので、あまり称えられて脳卒中《のうそっちゅう》になるといけませんので（笑）。

ま、ともあれ、巡り合いというものを不思議に思う気持ちは失いたくないですね。真民さんが言われるように、人間以外のものとの巡り合いにも、毎日、不思議の念を抱いて生きたいものです。

花は春風《しゅんぷう》を得て開く

次に、道元禅師の教えに学びます。

竹の響き妙なりと云へども自ら鳴らず、瓦《かわ》らの縁をまちて声を起こす。花の色ろ美《いび》なりと云へども独り開《ひら》くるにあらず。春風を得て開《ひらく》るなり。学道の縁もまたかくの如し。（道元禅師『正法眼蔵随聞記』）

これは、『隋聞記』の第四巻に出ている教えです。縁について話されたものですが、大変長い節《せつ》なので一部だけをそこに載せておきました。少し説明を要するので聞いていただきましょう。

唐時代に香嚴智閑《きょうげんちかん》というお坊さんがいたんですね。この人がある日、庭の掃除《そうじ》をしていて、ほうきの先で瓦《かわら》のかけらを弾《はじ》いたといいます。その瓦のかけらが向こうの竹の幹にぶつかってカチンと音を立てた。その瞬間、香嚴和尚は道を悟ったというのです。この話は一口に「竹の声」と言って、禅の悟りの話のなかでも有名なのです。

この話を道元禅師が取り上げて、修行僧たちに話されたのが「竹の響き——」の一文なのですね。「竹はひとりで鳴ったのではない、瓦が当たったから音が生まれたのだ」、つまり、竹自身は鳴ることができない、瓦自身も鳴ることができない、できない者同士がふれ合うとカチンという音が生まれる。縁というものはそういうものなのだよ、とさとされているんです。

その次も唐時代のお坊さんの話。霊雲志勤《れいうんしごん》というお坊さんは、いっせいに咲き出した桃の花を見て悟りを開いたそうです。これについて道元禅師が話されたことは、桃の花が美しいといっても、ひとりで咲いたわけではない、春風が吹いてきたから咲いたのだと。ここでも縁について説かれているんです。この話も一口に「桃の花」と言えば禅の悟りの話、として有名なのです。

そして最後に「学道の縁もまたかくの如し」と。ここが大事なところです。道を学ぶということも自分一人のちからでやっているのではない、縁というものがあってこうして学ばせてもらっているのだよ、と。竹の響き、桃の花、の話を例に挙げて、弟子たちに縁について話されたのですから、ずいぶん親切なお話だったと思います。

どうです？　みなさんも家に帰って、庭を掃《は》いて、ガラスのかけらでも弾いてみますか（笑）。みんなと手料理でも提《さ》げて桃の花でも見に行きましょうか（笑）。そういうこと、わざとやっても無理でしょうねえ。その時、その場で、何を感じるのか、そこが問題なのですからね。

さっきも言いましたけど、わたしも、みなさんも、縁というものがあってこの会場にやって来ました。何かひとつ欠けていても、こうしてお会いすることはないのだと思うと、見えないところで、あらゆるちからがかかわり合っていることを、ありがたいと思わないではいられません。「おかげさま」ということばも、そのことに感謝する気持ちから出てきています。

縁さまざま

たった一つのことばが大きな世界を生み出す、ということもあります。そのいくつかをお伝えしましょう。

①目が覚《さ》めた薬屋さん

むかし、富山県から薬屋さんがよくやって来ました。置き薬を交換して全国を回って歩く、あの富山の薬屋さんです。ある日、わたしの家に来て「今日は一本、やられました」と言います。いつもとちがって元気はつらつではないんです。聞いてみたらこういうことでした。

ある農家へ行ったら、九十歳くらいになるおばあちゃんが、日当たりのいい縁側で足袋《たび》を縫《ぬ》っていたそうです。

「おばあちゃんね、今は足袋なんか安く買えるんだから、手間ひまかけて縫わなくたっていいんだよ。切れたら捨てて、また買えばいいのさ」

「それはそうですけどねえ。わたしには子どもも孫も沢山いてねえ、わたしの縫った足袋を喜んではいてくれるんですよ。お正月なんぞ、どやどややって来てねえ、おばあちゃんの縫った足袋はあったかいと言って。わたしゃ、それが嬉《うれ》しくて、あの子の足はどのくらい大きくなったか、なんて考えながら、こうして縫っているんですよ。それが楽しくてねえ」

「それは分かるよ。だけどね、時間がかかるよね。その時間があれば、何かほかの内職もできるんじゃないか。そのほうがお金になるだろ。そうすれば足袋なんか山ほど買えるし、自分のお小遣《こづか》いも貯《た》まるし」

「ご親切にありがとうございます。では今日から足袋を縫う仕事はやめましょう。ところで、薬屋さんにお聞きしますが、子どもや孫のことを思いながら足袋を縫うこの楽しさ、この楽しさのほうはどうしてくれますか？」

　これで薬屋さんはギャフンときて、あとのことばがなかった。おばあちゃんに深く頭を下げて、「楽しさのほうはどうしてくれますか？」、そのことだけを考えながら、ここまで歩いて来たという。「全国を旅して歩いているけれど、こんなにもショックを受けたことはない」と言うのです。

わたしはこの話を薬屋さんから聞いて、とても感動しました。そのおばあちゃんをわたしはよく知っているんですが、なかなかのしっかりばあちゃんなのです。薬屋さんをやり込めるくらいのことは朝飯前なんですね（笑）。たいしたものですよ。楽しみのほうはどうしてくれるかって。なるほど、そうですよね。いくらかでも稼《かせ》ごう、なんてのとわけがちがいます。子や孫のことを思いながら足袋を縫うことができるなんて、金では買えない喜びですもの。

しかし、薬屋さんも偉いですよね。おばあちゃんに、してやられたのですから。黙って頭を下げて退《しりぞ》いたなんて、じつに素直で愛すべき薬屋さんです。わたしの家で、ため息をついてこう言うんです。

「自分はふだんからお金のことばっかり考えていたから、おばあちゃんに内職でもしたほうが得だと言ってしまったんです。足袋を縫うことの楽しさ、このことには気がつきませんでした。幸せってなんだろう？　このことをもう少し考えないといけません。自分はこれから人生やり直しです」

こう言って、帰ってゆかれました。

『法華経《ほけきょう》』に「唯仏与仏《ゆいぶつよぶつ》」ということばがあります。ただ仏と仏、ということです。おばあちゃんと仏さん、薬屋さんと仏さん、仏さん同士が出会っているんですね。あえて言えば、この薬屋さんは、おばあちゃんという仏さんに出会って目を覚まされた、ということです。

これも偶然ではなく必然なんです。その日、その時、そうなるべく、はるかの過去から事が運ばれていたということです。

②二時間をプレゼント

女子高で国語を教えていたころのことです。ある日、教壇に立って「起立、礼！」のあいさつをした時、教卓のすぐ前の女の子が、一生懸命に何かを書いていて礼をしなかったんです。教壇を降りてそばへ行って、「いそがしい用事なの？」と聞いたら、「はい！」と言って便せんのようなものを伏せてしまった。わたしは言ったんです。

「いいよ、書いていても。今日、帰りの電車の中で、男子校の誰かさんに渡さなければならない手紙じゃないのかい？」

「先生、よく知っていますね！」（笑）。

「そのくらい分かるさ。だったら心をこめて、字も丁寧《ていねい》に書くといい。授業は二時間続きだけど、今書かなければならない手紙だったら、今書くしかないんだよ。二時間たっぷりあげるから本気で書くといい」

「先生、ありがとう。恩に着ます」

彼女、ほんとうに二時間書き続けましたよ（笑）。なかなかやる子だな、と思いましたね。

彼女が卒業して三、四年たちました。ある日、彼女から結婚披露宴の招待状が飛び込んできました。彼女の添え書きがあったので見ると、「先生、国語の時間に私が手紙を書くことを許してくれましたね。あの日手紙を渡した相手の人と、私結婚することになったんです。先生、ぜひ披露宴にご出席ください。そして、あつかましいお願いですけど、一言スピーチをお願いしたいのです」と書いてある。まったくずうずうしいったらありゃしない（大笑）。

わたし、出席しましてね、スピーチをやりましたよ。

「――あの時、わたしが二時間という貴重な時間をプレゼントしたのは、本日、この祝宴《しゅくえん》で、この一杯を飲みたかったからであります！」（笑・拍手）。

声高らかに、堂々と言えたところがよかったですね。

新郎・新婦がお酒をつぎに来て、「おかげさまで」と礼を述べました。ほんとうにおかげさまだ。わたし、自分がおかげさまになれてよかったなと、しみじみ思いましたよ。「二時間たっぷりあげるから」なんて、格好いいことを言ったことが、見事に花を咲かせたんですからね。一杯キューッとあけて、悟りを開いちゃいました（笑）。

それから、あっという間に二十年という歳月が流れました。

ある日、電車の中で原稿を書いていると、うしろの座席から女の子が覗《のぞ》いて、「おじちゃん、むずかしいじ、かいているね」と言うんです。お下げのかわいい子で、四、五歳くらい。

「名まえは、なんて言うの？」

「こばやし、さちこ、っていうの」

「え？　こばやし、さちこ」

どこかで聞いたような名まえだ。

「小林幸子って、こう書くのかな?」

「ちがう。さ・ち・こって、ひらがな」

怒るように言うんです。

「今日は電車に乗って、お母さんと買い物にでも行くのかな?」

「おかあさんじゃない、おばあちゃんと。ほら、おばあちゃん、こっちにいるよ」

立ち上がったのは、その子のおばあちゃん。

「まあ、先生! 大岳先生じゃないですか!」

すっとんきょうな声をあげた。こっちもびっくりです。あの時の、あの花嫁さんじゃないですか(笑)。二時間続きの授業をたっぷりモノにした、あの、ずうずうしくも、ちゃっかり屋の、かわいかった、教え子じゃないですか(大笑)。

こんなことってあるんですねえ。あの日の花嫁さん、翌年に男の子が生まれ、その子が成長して結婚、女の子が生まれた。つまり、電車の中でわたしに声をかけた女の子は、あの、ちゃっかり屋の教え子の、お孫さんじゃないですか（大笑）。わたしの寛大《かんだい》な心が、世の中に新しい生命を送り続けていたんですね。

その夜、わたしは旅まくらでしたが、こばやしさちこさんのことを思い出して、なかなか寝つかれませんでした。あの子が、電車の中で「おじちゃん、むずかしいじ、かいているね」と言ったのは、「あたい、おじちゃんのおかげで、このよにうまれたの」っていう意味だったんですね（笑）。

だれがこれを否定できますか。一つの小さなことが起点となって、次から次へと新しい命が誕生してゆく。人間に測《はか》ることのできない新世界への広がりです。

ことば一つをかけることでも、相手の人生が変わってゆく。「ことば掛け」「ことば受け」と言って、それが限りない縁をつくり出してゆくんです。

だから、縁というものは「授かるもの」であると同時に「育《はぐく》むもの」でもあるわけですね。このこと、よく覚えておいてください。よりよい縁づくりのために、はたらきかけてゆくことが大切だということです。

「般若心経」との出会い

学生時分のことです。わたしは当時、生活費や学費をかせぐために物売り（行商）をしていました。横浜の鶴見というところに叔父《おじ》の家があって、そこに下宿していて、あちらこちらへ物売りに出かけていたんです。

ある時、三浦半島の先端に行きましたら、その先に「城ヶ島」がある。探偵ものの映画の撮影がよく行なわれていた島です。そこには北原白秋《きたはらはくしゅう》の「雨はふるふる城ヶ島の磯に」という歌詞の碑《ひ》が立っていて、そのことは知っていましたから、仕事のついでに見に行こうと思って、小さな船に乗りました。そのころ（昭和二十八年）は、まだ島への橋はかかっていなくて、島への行き来は小船でした。

わたし一人を小船に乗せて、船頭さんが言うんです。

「学生さん、今、四時ですよ。これから島へ渡って、島に泊まるのかな？」

「いいえ、帰ります」

「このごろ、島で自殺する人が多くなってな。間違いのないように頼みますよ。島を出るのは六時が最終ですからな」

島巡りをして、碑を見て、六時ぴったりに船着場に戻ったら、さっきの船頭さんが待っていてくれました。　帰りの船の中もわたし一人です。船頭さんがわたしに聞きました。

「学生さんは坊主頭だが、もしかして寺の息子さんかな？」

「はい、そうです。群馬県の山の中の、小さな寺のせがれです」

「そうか。お坊さんの卵だな。お坊さんなら『般若心経』というお経を知ってるだろ」

「はい、知っています」

「わたしは知らないのだがな、いつだったか、静岡で般若心経の話をしてくれたどこかの偉い坊さんがいてな、いい話をしてくれたのを覚えとるよ。タカガミ、なんとか、というお坊さんだった。時計の話をしてくれてな」

「時計？　腕時計ですか？」

「いや、柱時計だった。なんでも二本の針が正確に動くのは、背中のほうの見えないところに複雑な機械があって、そいつが間違いなく働いていてくれるからだ、と言っていたな。

人間も、見えない力に支えられて生きている、という話だった。いろんな例を挙げて話してくれたな。ほとんど忘れちっまたが、時計の針の話だけは覚えておるよ」

これを聞いて、わたし、感動しましてね。そのお坊さんの名まえを聞いたけれども、タカガミしか覚えていなかった。

八時ごろ、鶴見の下宿先へ戻って、叔母《おば》にそのことを話しました。

「そんな偉いお坊さんのお話なら、もしかしたら本になっているかもしれないわね。本屋さんへ行って聞いてみるといいわ」

と教えてくれました。

わたしはその気になって、翌日、鶴見の本屋さんへ行ったんですよ。そして、店のだんなさんに聞きました。

「般若心経の本、ありますか？　タカガミなんとか、という人が書いた？」

「さあ、分からないねえ。探してごらん。あるかもしれないから」

それがね、探したら、あったんですよ。角川文庫で『般若心経講義』。著者は、高神覚昇《たかがみかくしょう》という方です。まだ出版されて二年くらいしかたっていない。うまくいくものですね。文庫本がわたしの行くのを待っていてくれたんです。

だんなさんに聞きました。

「この本の中に、時計の話がありますか？」

「さあ、分からないねえ」

変な質問に、当たりまえの答えです。

鶴見駅の待合室で、本をめくってね、ついに発見しましたよ。時計の話、ちゃんと出ているんです。ここに、その頁をコピーしてきたので、ちょっと読んでみますよ。

「――いま私のいる部屋には、一箇《こ》の円《まる》い時計がかかっています。この時計の表面は、ただ長い針と短い針とが、動いているだけです。しかし、いま、かりに、この時計の裏面を解剖してみるとしたらどうでしょうか。そこには、きわめて精巧、複雑な機械があって、これが互いに結合し、和合して、その表面の針を動かしているのではありませんか。私は現にただ今この東京鷺宮《さぎのみや》の無窓塾《むそうじゅく》の書斎でペンを動かしています。これはもちろん、簡単な事実です。しかしこの無窓塾がどこにあるかを考え、私、および私の故郷伊勢《いせ》の国のことなどを考えて、だんだん深く、そして広く考えてゆきますと、終《つい》にはこの一箇の私という存在は、全日本はおろか、全世界のすべてに関係し関連しているということになるのです。かように、一事一物、皆ことごとく関連していないものはないのです。ただ、私どもがそれを知らないだけのことなのです。しかし知ると知らないとにかかわらず、一切のものは互いに無限の関係《つながり》において存在しているのです――」

ずうっと続くのですが、わたしはこれを読んで感動しましてね。何かでっかいものを発見したように興奮していました。

その夜のうちに全部読んでしまいました。考えたら、あの船頭さんが、わたしの坊主頭を見て話してくれたことがきっかけになっているんですね。坊主頭ってすばらしいんです（笑）。あの時、帽子をかぶっていたら、この話はなかったでしょうね。

一冊の本との出合い、と言えば、わたしはまずこの『般若心経講義』を挙げますね。この本をわたしはおそらく十回以上は読んでいるでしょう。大事なところ、感動したところに赤線を引いていったら、本が真っ赤になってしまいました。

この本の中から、とくに感動したところ、これからの人生のために大事にしていきたいと思ったところを、二つだけ挙げておきますね。

一つ目は、第二講の「語るより歩む」ということ。人生はことばじゃなくて、行ないだということです。理屈じゃなくて実践だということです。わたしは「語るより歩む」ということばを、講演の演題によく使わしてもらっています。

二つ目は、弟十一講の「真実にして虚《むな》しからず」。『般若心経』に「真実《しんじっ》不《ふ》虚《こ》」とありますが、それですね。仏さまの智慧《ちえ》そのものを活かして生きる、ということなのです。縁にしたがって生きることのすばらしさを教えてくれていることばです。

わたしは、この二つの教えから生きる力をいただいています。学生時代の行商生活四年間は苦しかったけれど、「語るより歩む」「真実にして虚しからず」

と呪文《じゅもん》のように唱《とな》えているうちに、汗を流して生きることにむしろ誇りのような気持ちを抱いて過ごすことができたのです。

この本を書かれた高神覚昇師は、わたしが十三歳の時に亡くなられています。あの船頭さんに時計の話を聞いた時には亡くなられて五年もたっていたのでした。まだ五十四歳という若さでした。わたしは一度もお目にかかれなかったけれど、心の中では毎日お会いしています。

この本に出会ってから四十年後に、わたしは『般若心経を生きる』（絶版）という本を出しました。もちろん、これまで話してきたことなども書いています。きっとそれは、高神覚昇師が陰の力となって、わたしに書かせてくれたものでしょう。わたしはそう信じています。

みなさんね、巡り合う、ということはありがたいことなんですよ。そして、こんな不思議なことってあるんだ、とも思いました。

高神覚昇師の「五十回忌」の法要《ほうよう》が、東京のあるお寺で行なわれたのですが、その時の記念講演の講師が、このわたしだったんですよ。なんとしたご縁でしようか。

あの時、あの船頭さんとの会話がなければ、こういうことはなかったはずですよね。それがきっかけで一冊の本と巡り合い、般若心経のこころとともに生きてきて、自分も般若心経の本を書かせていただき、五十回忌の記念講演を務めさせていただきました。そのように事が運ばれていたとしか考えられません。巡り合いとはそういうものなのですね。

そのお寺の境内には、高神覚昇師の墓がありましてね、その正面にわたしが立たせていただいて、大勢の人と一緒に般若心経を唱えました。読経中、いろんな思い出が一気に噴《ふ》き上げてきて、声が詰まって困りました。

みなさん、ぜひご縁というものを大切にしてください。はるかの世界から、仏さまのはからいで訪れてくるものがご縁なのですから。そして、そのご縁を育むということも大切にしていただきたいと思います。

こんなにも大勢の人に集まっていただいたその陰には、目に見えない多くの力が注がれていたと思います。そのすべてに感謝して、八方破れの話を閉じさせていただきます。

また来年、お目にかかりましょう。お元気でお過ごしください。

ありがとうございました（拍手）。

第四話

はるかなるもの美しき

平成二十六年九月二十八日
主催：亀田寺仏教講演会
会場：新潟市・亀田寺

昨日、今日と、秋晴れに恵まれて、さわやかな気分ですね。こんなにも沢山の人がお集まりで、本堂に入りきれないんじゃないですか。大丈夫ですか。毎年、九月の末にお伺いしていますが、約束が果たせてよかったといつも思っています。果たせないこともあるかもしれませんものね。

一度だけ、新幹線が動かないことがあって、高崎からタクシーを飛ばしたことがありました。もちろん、ご住職さんと電話で相談した上のことでしたが、三時間余りかかったでしょうか、なんとか間に合ってよかったですよ。遠距離だから運転手さんが喜びましてね（笑）。高崎から新潟ですもの。こんな遠距離のお客さんはめったにないでしょう。

人間というものは、嬉しいことがあると素直になるものですね。その運転手さん、何を話しても「はい、はい、さようでございます」、メーターを見ては声を弾《はず》ませていました（笑）。

しかし、車だとここまでは遠いと感じました。今日のテーマじゃないけど、「はるか彼方は相馬の空」でしたね。

仏教の講演会で「はるかなるもの美しき」という演題はめずらしいでしょう

ね。いつのころからか、わたしの心に育っていたことばで、よく色紙にも書いています。

今日は、その「はるか」について、みなさんと一緒に考えてみたいと思います。できるだけ楽な姿勢で聞いてください。

明日《あす》の命を考える

仏教では、「明日は無い」ということをよく説きますね。「明日の命が保証できるか。今日のことは今日やれ！」、禅の世界でも、よくそういうことを言っています。わたしは子どものころから、このことを不思議に思っていましたよ。大人たちが「明日のない命だもの」ということをよく口にしていました。怖《こわ》かったですね。こういうことは、あまり言ってはいけませんね。今夜殺されるか、と思ってしまいますもの（笑）。子どもの恐怖心を育てるようなものですよ。

それなのに、寝て起きるとちゃんと夜が明けていて、自分は生きているんです。大人はウソを言う、そう思いました。そのくせ食糧のことになると、「明日への備えだから」と言って、あまり食べさせてくれない。矛盾していますよね。まあ、戦争中だったから仕方がなかったのかもしれませんが。

そして、だんだん成長して、仏教の本などを読むようになると、またまた「明日の無い命」ということが説かれている。いったい「明日」ってあるのかないのか、考え込んでしまいます。

そのうち『般若心経講義』（高神覚昇著）という本に出合って、「昨日《きのう》を背負い、明日をはらんでいる今日」、それが今日という日なのだ、ということを教えられました。これでやっと一安心したものです。

昨日は無い、明日も無い、あるのは今日だけだ。それも分かりますけど、昨日のことを思い出すこともできるし、明日を夢見ることもできるし、寝て起きれば、また新しい日がきているのだから、「過去と未来のあいだにある今日という日は、今日しかないのだ」と教えるのが親切だと思うんですね。いきなり「今日しかない」と若者に向かって言うのは不親切だとは思いませんか。今日しかないのだったら、明日への備えは必要ないし、夢も希望もないわけだし、宿題なんかも出さないわけですよ（笑）。

だから、「昨日を背負い、明日をはらんでいる今日」というとらえ方のほうが、安心できるし納得もできると思うんです。その上で「明日のない命」を考えるのがほんとうだと思います。

では、お釈迦《しゃか》さまや道元禅師《どうげんぜんじ》は、そこのところをどう説かれているのか、それをたずねてみたいと思います。資料の最初を見ていただきます。

法句経《ほくきょう》に学ぶ

法句経・一一八

もしひと
よきことをなさば
これを
またまたなすべし

よきことをなすに
たのしみをもつべし
善根《よきこと》をつむは
幸いなればなり

（友松円諦《ともまつえんたい》訳）

『法句経』という経典は、原本では「ダンマ・パダ」と言っています。「ダンマ」というのは「法」（真理）のこと、「パダ」というのは「道」のこと。つまり、「真理の道が説かれている教典」ということなのですね。全部で四二三偈《げ》あります。

偈というのは「短い詩」と言ってもよいのですが、仏教の教えが説かれているものは、詩とは言わずに偈と言っています。お釈迦さまの教えがやさしく分かりやすく説かれているので、世界中の人に親しまれています。

今、読んだこの偈は、こんなにも短いのだけれど、その内容は四つに分かれています。①よいことをする。②重ねてする。③たのしみをもってする。④よいことを積み重ねるのが幸せということ。じつに分かりやすい教えです。

わたしは若いとき、この偈に出合って、不思議にも思ったし、嬉しくも思いました。「人生は今日しかない」ということを言ってはいないからです。

よいことをすると人に喜ばれる。喜ばれると嬉しくなってもっとしたくなる。そうしたら楽しみをもって続けなさい、という。これは、「明日に向かって生きよ」ということと同じじゃないですか。よいことを積み重ねていくには時間がかかります。それを実行しなさいということは、希望を持って生きなさい、ということですよね。

この教えを知ったとき、わたしはほっとしました。「今日しかない」とは言わずに、「たのしみをもつべし」と言ってくれている。これは救いですね。「明日も頑張ろう！」という気持ちが湧《わ》いてきます。

わたしは、毎回話しているように、学生時代、物売り（行商）をしていました。生活費や学費を稼《かせ》ぐためには、雨の日も風の日も、働かなければならなかったのです。ほかの学生のように、大きな辞書や仏教書を小脇《こわき》にかかえて、革《かわ》の靴《くつ》を履《は》いて、彼女と楽しそうに語らいながら大学の門をくぐるということができませんでした。ラーメンも食べたいし、映画も観《み》たかった。

しかし、それをしていたのでは生きてゆけなかったのです。人間、腹が減ってふらふらになったら、勉強どころの騒ぎじゃありませんもの。まずは食べなきゃ始まりません。だから、本気で働いて、大学の門は週に一度か二度しかくぐれませんでした。寒くなれば着なければならない。そっちのほうにも追われるわけですからね。

そういうとき、人間はさみしくもなり、悲しくもなり、お金を持っている学生たちを羨《うらや》ましく思うから、だんだんひがみっぽくなってゆくんです。やけっぱちになって、持っている荷物を道路にたたきつけたこともありました。すぐ拾いましたけど（笑）。

しかしですね、ポケットに小さな一冊の本があるということで救われるんです。『法句経』が、その一つでした。そのほとんどは、よく分からなかったけれど、この「たのしみをもつべし」という教えからは大きな力をもらいました。「明日があるんだ」という励ましと希望をもらったのです。「今日しかない」なんて言われたら、月賦《げっぷ》で買ったジャンパーの代金も払えなくなるんですね。だから、歯を食いしばって働き続けました。「今に見ていろ、ぼくだって、ラーメンかならず、食ってやる」（笑）、そう思いながら、運動靴を履いて歩き回りましたよ。

今日も運動靴を履いて来ています。行商時代に「おれは意地でも、一生運動靴を履いて生きるんだ」と決心して、あれから六十年掃き続けています。え？　なんですか？　一足で六十年じゃないですよ。何百足も履き替えているんです。いやだなあ、「一足が六十年もつかしら」だって（大笑）。素直、単純、すばらしい人生を歩んでいますこと（笑）。

そんなわけで、「明日に向かって生きる」という教えをいただいたおかげで今日まで生きてこられました。高校に三十六年間勤めたけれど、教え子たちにはいつも「明日がある、希望を持とう」と言い続けてきましたね。今でも、それでよかったのだ、と思っています。

未来を生きる人のために

道元禅師は、どのようにおっしゃっているでしょうか。資料を見てください。『正法眼蔵随聞記《しょうぼうげんぞうずいもんき》』（三ノ三）には、こういう教えがあります。

其の人には知られざれども、人のために好《よ》き事をなし、乃至《ないし》未来までも誰《た》れが為と思はざれども、人の為によからん事をしをきなんどするを誠《まこ》との善人とは云ふなり。

『法句経』の「よきこと」の教えと同じだと思いますね。だれのため、と決めなくてもよいから、未来を生きる人のために、よいことをしておきなさい、という教えです。

すばらしい教えだと思います。「明日に向かって」ということですからね。ここにも明日が出ています。「今日でおしまい」ということではありません。「未来を生きる人々のためにつながっている今日、だからこそ今日よいことをしておきましょう」と。あたたかくて、生きる希望を持たせてくれる教えだと思います。

わたしは、この教えにも励まされて生きてきました。ふつうは、自分が貧しければ人には何もしてあげられないと思いがちですけど、そうではないんです。貧しければ貧しいなりに、そのとき、できることってあると思うんです。お金や物でなくても、ことば一つでも与えることはできますもの。「人の為によからん事をする」、こういうことは、だれにでもできることだと思うんです。

よく世間には「金と時間があればなんでもできる」と言う人がいますが、そうではありませんね。そういう人は、金と時間を与えればなんでもやるかといえば、やらないと思うんですよ。やる人は心があるからやるんですからね。

みなさん、人のために「よからん事」をしていますか？　していますよね。ほんのちょっとしたことでも、いいことのできる人は善人だと道元禅師は言われています。

たとえば、その辺に小さなゴミが落ちていたとする。それを拾ってゴミ箱へ入れる人は、もうそれで善人なのですよ。ただ、ゴミを拾うときの、拾い方が問題ですけどね。「こういう所にだれがゴミを落とすのだ！」という拾い方はよくないんです。

それより、「まあ、ゴミさん、お待ちどうさま。こんな所に一人で落ちていて、さみしかったでしょう。さ、お友だちが大勢いる所へ引っ越しをしましょうね」と言って、「レストラン・ゴミ箱」という所へ移してあげる（笑）。これを「ゴミ成仏」といって、ゴミも成仏するんです。

でも、あまり長くしゃべっていると、人が見ていて、「あの人にも春が来たんだわ」と言われる（笑）。まあ、ほどほどがいいでしょうね。何事も心をこめてやることが大事だと思います。

未来を生きる人、でなくても、わが子のためでもいいんですよ。「気ばたらき」と言うんですが、ほんのちょっとしたことにでも、気を働かせることが大切です。

喜ばれる悦《よろこ》び

高校受験をひかえた中学三年生の女の子の母親。肉屋さんで肉を買って帰ろうとしたら、「奥さん、これ、どうぞ」と、うちわを一本もらった。キキョウの花が描いてある。家に帰ってお茶を飲みながら、うちわを見ていて思ったんです。「今ごろ実家の庭にもキキョウの花が咲いているだろう。それはそうと、キキョウって、漢字ではどう書くのかしら？」

ここで、この母親は考えたんです。「娘が受験のとき、国語の問題で『キキョウを漢字で書きなさい』というのが出たら書けるかしら。私にも書けない。調べておこう」。そう思って辞書を手に取って見ると「桔梗」とあった。「なるほど、こういう字なのか」。紙に大きく書いて娘の帰るのを待っていた。

夕方、娘が帰ってきたので「あんた、キキョウっていう字、漢字で書ける？」と聞いたら、「書けない」って言う。「試験問題に出たら困るでしょう。こう書くのよ」「へえ、二字とも木へんなのか。覚えたよ。お母さん、ありがとう」。

これがね、試験に出たんですって（笑）。娘は喜んじゃって、みんなが書けないのを得意になって書いた。レベルの高い学校で、受験生は一五〇〇人余りいて、合格できるのは二五〇人。六分の五は落ちるんだそうです。この娘さん、なんと、すれすれの二五〇番目で合格できたんです（笑）。うまくいったものすね。母親がちょっと辞書に手をかけたことで娘さんは合格ですもの。こういうことってあるものなんです。人生がそこからちがってくる。

母親が一歩踏み込んでいるところがいいですね。キキョウの絵を見て「へたくそ!」なんて思って辞書も見なかったら、娘は二五一番目で落ちたかも(笑)。

いいことをする人っていうのは、心があるからできるんです。そして、喜ばれるとますますしたくなる。「よきことをなすに、たのしみをもつべし」、お釈迦さまの言われるとおりなんです。

わが子でなくっても、いいことをして喜ばれると、またまたしたくなる。それがみんないい結果を招いてゆく。だから、道元禅師も言われるように、だれのために、と決めなくてもいいんですね。いいと思うこと、だれかの役に立つことを喜んでさせていただくということ、これが大事なんです。

これをわたしは「喜ばれる悦《よろこ》び」と言わせてもらっています。自分のしてあげたことが人に喜ばれると、自分のほうはもっと嬉しい、それを言うのです。「喜び」と「悦び」、字がちがいますからよく覚えておいてください。

そして、この「悦び」を味わうと、さらによいことを積み重ねたくなる。一年後、3年後と、計画を立ててまで人を喜ばせたくなっていくんですね。その、喜んでもらう日は、今日という日から見ると、まだまだ先のこと。そんな日が来るのか、来ないのか、まだ分からない未来なんです。

それでも、その日のことを想うと、もう嬉しくてたまらない。夢に向かって歩む楽しみは、そこにあります。目に見えない未来を見つめて、今日という日を励む。これを「はるかを見る人」と言うんです。こういう人には明日があるんです。

わが子の受験の日のことを思って、辞書を手に取った母親も、「はるかを見つめた一人」と言えるでしょうね。

通るたんびにうれしいよ

ところで、人間は困ったときに他人さまから親切を受けると、今度は自分も「そういう人になりたい」と思うようになるものなのですね。ふだんからそう思っていると、計画を立てなくとも、とっさに「いいこと」をしてしまう場合もあります。

童謡詩人、金子みすゞさんの詩のなかに、『いいこと』というのがあって、その第三節に、「いつかいいこと／したところ／通るたんびに／うれしいよ。」とあります。

人に親切にしたところを、その次に通ってみると、とてもいい気分になる。こういうことってありますよ。親切をしたときの自分の姿が見えてきて、自分がいとおしくなるからでしょうね。


自分のことを一つご披露《ひろう》しますけど、いつかこんなことがありました。三重県での講演のあと、岩手県へ飛ばなければならない。逆方向ですから、途中で一泊します。上野に夜遅く着いて、安宿に一泊しました。

朝起きてみたら、ものすごい吹き降りなんです。予報どおりに台風がきていたんですね。宿を飛び出したら、だれかとぶつかった。「ごめんなさい！」と言って、見たら新聞配達の少女なんです。ビニールの雨具をかぶって、新聞もビニールに包んで抱えていました。台風なのに女の子が新聞配達ですよ。とっさに、わたしの手は胸のポケットです。千円札が一枚だけあった。

「おじさんもね、むかし、そういう仕事をやったんだよ。少しだけど何かに役立てて。しっかり頑張ってね」

それだけ言って、上野駅へ走り出したんです。少し走って振り向いたら、なんと、その少女はこっちを向いて合掌《がっしょう》していたんです。吹き降りの中で、手を合わせてわたしを見送ってくれていた。

感動したのはこっちでしたね。わたしには、その子が「観音《かんのん》さま」に見えました。今でもその子が目に焼きついています。

それから、長い月日がたって、不思議なことに、その少女とぶつかったあたりの、すぐ近くのお寺さんに招かれて話をしに行ったんです。街はすっかり変わってビルばっかりになっているのに、むかし泊まった安宿のあたりはあまり変わっていない。「このあたりだったな」と思ったら、少女の合掌の姿が目に浮かんできましたね。そのお寺さんは上野駅から歩いても一〇分足らず。四回ほど伺ったんですが、そのたびに、その場所を通るんですよ。だから、「いつかいいことしたところ、通るたんびにうれしいよ」と言われると、なるほどなあ、と思うんです。

ちょっとしたことでも、よい思い出があると嬉しくなるものなんですね。あの少女も、もうとっくにいいお母さんになっていて、もしかして、あの日のことをわが子に話したことがあるかもしれないね。それを聞いた子が、また大きくなって結婚をして、お母さんになってゆく。そういうことを考えると、過去と未来とは一つながり、と思いませんか。わたしは、過去も未来も切ることのできないものだと思っています。その中間に今日という日があるんだと。

心に帆《ほ》を立てる

未来を「はるか」と思うのは時間的な見方というもの。それに対して、空間的に見る「はるか」があります。遠くに見えるものを、実際にこの目で見ながら生きることです。

ふたたび、金子みすゞさんの詩を見ていただきましょう。

帆　　　　金子みすゞ

港に着いた舟の帆は、
みんな古びて黒いのに、
はるかの沖をゆく舟は、
光りかがやく白い帆ばかり。

はるかの沖の、あの舟は、
いつも、港へつかないで、
海とお空のさかいめばかり、
はるかに遠く行くんだよ。

かがやきながら、行くんだよ。

この詩を初めて読んだとき、嬉しかったですよ。今日のテーマの「はるかなるもの美しき」とぴったりなんですもの。
「はるか」ということばが三回も出ていることに注目したいですね。みすゞさんにとって「はるかを見る」ことが重大事であった、ということですね。遠くを見ることを大切にしていなければ、こういう詩はできません。

この詩のなかの「白い帆」は、わたしたちのそばには絶対に近づかない帆なのですね。「はるかに遠く行く」帆だからこそ、わたしたちはそれを見て、苦しみや悲しみに耐えていけるんです。帆というのは、人の「ねがい」であり、「あこがれ」であり、人間に「生きる意志」をさずけてくれる「光」なのです。

わたしが、「はるか」ということばが好きになったのは、はるかを見ることによって、生きる力を与えられてきたからです。実際に、その経験を積んでこないと、はるかを見る大切さは分かりません。

汗・涙・疲れ・飢え・苦しみ・悲しみ――こうしたことに耐えていくには、他人を頼りにしてはいけない、乗り越えてゆくのは、この自分なのだ、わたしはそう思いながら「物売り」という切ない仕事に耐えてきました。また、物売りの話でごめんなさい。

あのとき耐えられたのは、はるかを見る、ということの大切さに支えられたからなのです。それがなかったら「やけくそ」の道を歩んでいたかもしれません。

その「物売り」の仕事で、悔《くや》しかったことがあります。

あるとき、電車の中で、荷物を網棚の上に載せたまま眠ってしまった。電車が止まったので窓の外を見たら、わたしの降りる駅。あわてて荷物を取り落として、車内に荷物をばらまいてしまった。ダンボールの中の細かいものがみんなころがり出てしまったんです。家庭用品が四〇種類くらい入っていた。なかにはクリーム、ポマードなど、ちょっとした高級品もありました。「大変、大変！」と言って拾い集めてくれた人もいたけれど、何人かは自分のポケットや手提げ袋に入れて、電車を降りて行った。呼び止めたけれど、知らん顔で行ってしまって、もう電車は動き出していました。

このときの損害は三五〇〇円、これは大被害でしたね。売り上げの半分が自分の収入になるんですが、三五〇〇円を埋め合わせるには、その倍売らなければならない。一日歩いて千円売れない日だってあるんですからね。身が震えるような被害でした。昭和二十九（一九五四）年でした。今のお金だと二〇倍としても七万円。その倍売ってもともとですから、これは大ショックでしたね。

そのころは、人のものを取るなんてふつうでしたから。いやな時代があったものです。

怨《うら》んでも仕方がないから、あきらめて穴埋めに汗を流しましたよ。「あいつら、いいことないぞ。怨み殺してやる！」なんて、まったく思わなかったのだから、たいしたものです（笑）。

次は嬉しかったこと。「犬も歩けば棒にあたる」ってことがあるんです。

お正月の三日にある町へ売りに行った。第一軒目ですよ。物売りは玄関から入ってはいけないから、お勝手口のほうへ行きました。奥さんらしい人が食器を洗っていました。奥の部屋は新年会のようで大変な賑《にぎ》やかさでしたね。「今は忙しいから、またこの次にしてくださいね」と奥さんに断わられたとき、だんならしい人が来て、「きみ、今日は何月の何日だと思う？」と言うから、「はい、一月三日です」と答えたら、酔った勢いでこう言うんです。

「偉い！　きみは偉い！　お正月の三日といえば、どこへ行っても新年会くらいはやっているだろう。なのに、きみは、この寒さのなかで、もう仕事だ。偉い！　きみのような人間が、将来、大物になっていくのだ！」

なんて、信じられるようなことを言う（爆笑）。そしてね、持って行った品物を全部買ってくれたんです。わたしはそのとき、仕事始めだから少しだけでもと思って、品物はあまり持って行かなかった。全部で一万三千円。こんなことならもっといっぱい持ってくればよかった（笑）。奥さんがだんなに「あなた、酔った勢いで、そんな！」なんて言ってましたけど、だんなはスパっとお金を出してくれました。

わたしは、あわててそこを飛び出しました。だって、奥さんが追いかけてきたら困るでしょ。「主人は酔っていたんですから、あなた、ちょっと！」なんて言われた日には、元も子もないからと思って、すぐタクシーを拾いました（笑）。わたしって、そういうとき、突然、頭が冴《さ》えるんです（爆笑）。たった一軒で一万三千円も売れたんだから、タクシーの三十円くらい、どうということもない。真っ直ぐ下宿先へ戻って、祝い酒でした（笑）。いやなこと、嬉しいこと、長い間にはいろいろあるものですね。

行商生活は、けっきょく四年間続いたのですが、青森から山口まで本州はくまなく歩いて、あいさつを交わしただけでも何万人でしょう。過労で倒れ、病院に運ばれたことも何度かありました。行く先々で人さまのお世話になっていました。

しかし、大学へは足が遠のいていましたから、卒業できなかったらどうしようかという不安もあったわけです。腹が立ったり、嬉しがったり、不安だらけであったり——。

そんな思いを胸に山ほど抱き込んで、わたしはよく山とか、丘とか、高い所へ登って、「はるかの沖」を眺《なが》めたものです。遠くを見ることで、ほとんどのことは解決していましたね。自分の心の小ささや狭《せま》さがいちばんよく分かる。物事にこだわっていた自分が、笑いたくなるほどみすぼらしく見えてくる。

海を見ながら、つぶやくんですよ。

「勉強が遅れている。それがどうしたというのだ。だいいち、仏教は実践の道ではないか。有名な教授の講義を聴く。分厚い哲学書に取っ組む。それがいったいなんだというのだ。おれは、その間に何万人の人とふれ合って生きているのだ。今に見ていろ、ぼくだって!」なんて(笑)。遠くを見ると、でっかい気持ちにもなっていくんですね。

でも、今、その当時を振り返って、それでよかったんだと思いますね。「はるかを見る」ことの大切さを学んだだけでも、お釣《つ》りがくるほどの大収穫でしたから。

釈迦十大弟子・富樓那《ふるな》像

奈良興福寺の〝国宝館〟には、釈迦十大弟子の一人、「説法第一」と言われた富樓那像があります。わたしは富樓那像が好きで、奈良まで何度会いに行ったかしれません。あばら骨や、まゆに、説法する者の苦難の道があらわで、切ない思いもするのですが、それより何より「はるか」を見つめる眼差《まなざ》しに、伝道の決意が見られる、そこが好きなのです。

富樓那は、お釈迦さまの教えを他国の人々に伝えるために、六十か国の言葉を覚えたそうです。そして、ユルナという国への説法に出かけるのですが、その前に、お釈迦さまから、こう言われました（『雑阿含経《ぞうあごんきょう》』）。

「ユルナの国の人々は凶悪粗暴《きょうあくそぼう》である。富樓那よ。もし彼らがののしり、はずかしめたら、どうするか」

富楼那は、お釈迦さまの前にひざまずいて答えます。以下は、お釈迦さまと富楼那のやりとりです。

「はい、世尊《せそん》（お釈迦さまのこと）。もしユルナの国の人たちが、わたしをののしり、はずかしめたならば、わたしはこう思うでありましょう。ユルナの国の人たちは善良だから、手でなぐったり石を投げつけるようなことはしないだろうと」

「富楼那よ。もし人々が手や石でおまえを打ったとしたらどうするか」

「世尊。わたしはそのとき、ユルナの国の人たちは善良だから、土くれを投げたり、棒を持って打つことはしない、と思います」

「富楼那よ。もし人々が土くれを投げつけ、棒を持って打ったとしたらどうするか」

「世尊。わたしはそのとき、ユルナの国の人たちは善良だから、剣《つるぎ》を持って打つことはしない、と思います」

「富楼那よ。もし人々が剣を持って打ったとしたらどうするか」

「世尊。わたしはそのとき、ユルナの国の人たちは善良だから、殺すことはしない、と思います」

「富楼那よ。もし人々がおまえを殺したとしたらどうするか」

「世尊。わたしはそのとき、こう思うでありましょう。人はみずからの命を断ち切れずに苦しんでいるのに、わたしは彼らの手によって難なく死に至ることができた、と」

「善《よ》いかな、善いかな。富楼那よ。おまえはよく耐え忍ぶ道を学んでいる。おまえこそ、かの地へ伝道におもむくにふさわしい。富楼那よ、それでは思いのままに行くがよい」

お釈迦さまから、このように信頼された富楼那は、喜んでユルナの国へおもむきます。そして、その年のうちに、男女おのおの五百人の信者をつくって、やがてその地の土にかえった、ということです。

凶悪な人々の多い国へ行って、お釈迦さまの教えを伝えるということは、並大抵の決意ではできないことでしょうね。「決定心《けつじょうしん》」といって、心が決定していなければできないことです。

それにしても、伝道のために六十か国語を覚えたというのですから驚きます。

みなさんは、何か国語、話せるのですか？　日本語さえおぼつかない？（笑）。ま、いいでしょう。剣で打たれたら大変だものね。

富楼那という人はすごいですね。「人はみずからの命を断ち切れずに苦しんでいるのに、わたしは彼らの手によって難なく死に至ることができると」、こう思うというのですから、並みの決心とは、わけがちがいます。

この富楼那像が、興福寺の国宝館にあるんですよ。「はるかへの眼差し」がすばらしいのです。意志の強い人は、みんなはるかを見るんですね。何か落ちていないかと足元ばっかり見ている人とは雲泥《うんでい》の差です（大笑）。

上野の美術館で〝阿修羅展〟が開かれたとき、富楼那像も運ばれてきていました。わたしも観に行きましたよ。暑いときに二時間近くも並んで、やっと中に入ったのだけれど、十五分くらいで外に出てしまいました。ライトアップがいやだったんです。

阿修羅像などもきれいに映し出されていました。しかし、仏像はライトで照らしたりするものではありません。彫《ほ》った人はおそらく、提灯《ちょうちん》明かりで彫ったのでしょう。だったら、その暗さと同じ暗さのなかで観るのがほんとうですからね。「はるかを見る」切ない思いも「決定心」も、上野では観ることができませんでした。奈良へ行ったら、また興福寺を訪ねて、しっかり見直して来ようと思っています。

人間は、切なければ切ないほど「はるか」を見て、力をいただいて生きるんだと、そういうことがお分かりいただけるとありがたいですね。

「はるか」を語る二句

最後は、大俳人が詠《よ》まれた俳句から「はるか」を学びます。

遠山に日の当りたる枯野かな　　高浜虚子《たかはまきょし》

明治三十三年の作で、虚子はこのとき二十六歳でした。わたしが高校生のとき、この句が国語の教科書に載っていたので忘れることができません。でも、当時は、この句の意味がよく分かりませんでしたね。

都会に出て何年かたって、ふたたびこの句に出合ったときには「うーむ、そうか」と思ったものです。

枯野の先に山があって日が当たっている。ただそれだけのことなのに、この句からは力をいただきました。「しっかり生きてゆこう」という力です。今は寒い寒い枯野の道でも、いつかはきっと日の当たるところへ到着することができるのだ、という希望をいだくことができたのです。

この句について、評論家の山本健吉《やまもとけんきち》氏は、こう言っています（『定本・現代俳句』）。

「満目《まんもく》蕭条《しょうじょう》たる枯れ野ではあるが、遠景にぽっかり日の当たった山を置く。同じく枯色ながら、そこだけが太陽の光を受けて、あざやかな姿を見せている。夕景であろうか。寒むざむとした冬枯れの景色の中で、日の当たった遠山だけが、なにか心の救い、心の支柱となる。日の当たった遠山によって、枯れ野の全景が生色を取り戻す。遠いかなたの一つの山が、蕭条たる心に灯《ひ》をともす」

すばらしい鑑賞ですね。もうこれで言い尽くされている、と思います。「心の救い」「心の支柱」、まさにこの通りで、はるか彼方《かなた》に日の当たっている山があるから、枯野の道の寒さや淋しさにも耐えられる、ということでしょう。

人間には、あるとき突然、「悲風《ひふう》にあおられる」ということがあります。悲風は「黒風《こくふう》」とも言って、突然やってくる「不運の風」のことを言います。長い間にはだれもみな経験することですよね。そういうときは、歯を食いしばって頑張るよりほかはないのですが、心の底に、こういう俳句を持っているか、いないか、それによって一歩一歩の歩み方もちがってくるのです。

苦しいとき、わたしはいつもこの枯野の句を口ずさんでいました。やけくそにならずにどうにか生きてこられたのも、心の底にこうした支えがあったからだと思います。

「遠山」というのは、「はるかの山」なのです。人間ははるかを見つめ、はるかを目ざして進むことが大事なのだと思います。

次の俳句は、そのはるかをずばり詠んでいます。

炎天の遠き帆やわがこころの帆

山口誓子《やまぐちせいし》

昭和二十（一九四五）年作。作者はこのとき四十四歳、病中の作です。療養中の窓から、毎日「はるかの海」を見つめていたのでしょうね。炎天の海の彼方には白い帆がぽっかりと浮かんでいて、それが作者の心の寄りすがりどころとなっていたんです。

「わが心の帆」というのは「心の救い」のことで、「それがあるから生きられるのだ」ということです。帆という文字を重ねて用いているところにも、その心持ちがよく表われていると思います。

この句からも教えられるように、人はさみしいときも、苦しいときも、「はるかを見つめる」ことによって、生きる勇気を得てゆくものだと思われます。

横道にそれてばっかりの話でしたね。何か一つくらい勉強になることがありましたか？　もう全部忘れちゃった？　まあ、いいでしょう。忘れる、ということも人のためになりますからね。

ある落語のお師匠《ししょう》さんが言っていました。「お客さんが忘れてくれるから、同じ話もできるんです」と。それを、最後の最後まで全部覚えていてね、「今日のオチ、さえていなかったわね」なんて言われると、死にたくなるそうです（笑）。どうぞ、全部忘れてください。

お気をつけてお帰りください。「はるか」ばっかり見ないでね、ころびますから（爆笑、拍手）。

第五話

野の道・野の風・野のこころ

平成二十六年十月五日
主催：東海まみず会
会場：名古屋市・楽運寺

楽運寺さんへお伺いするようになって、今年が七回目ですね。前は瑞穂区の龍泉寺さんへ三十回ほどお伺いしていましたが、ご住職さんが遷化《せんげ》（亡くなること）されてから、こちらに会場が変わりました。台風がそこまで来ているというのに、こんなにも大勢集まっていただいて、みなさんの熱心さには驚きます。

台風と言えば、高校の受験をひかえた中学三年生の女の子が「台風って、いいなあ」と言った。「どうして？」と聞いたら、「進路が決まっているんだもの」（笑）。おもしろいってことは、いいことですね。

万物の盛んな躍動

さて、お手もとの資料を見ていただきますが、今回はいきなりお釈迦さまの教えから始まります。読んでみましょう。

次のように釈尊《しゃくそん》は説かれた。

天地を見て非常と想い、山や川を見て非常と想い、万物の盛んな躍動を見て非常と想い、そのことによって、執着する心をもたなければ、早いうちに悟りの境地を得るであろう。（『四十二章経』）

「非常と想い」ということばが三回も出てきますが、これは「常に非《あら》ず」、いつもとちがう、ということです。

自然をよく観察していると、昨日と同じ相《すがた》であるものは一つもありません。どこかが少しずつちがっています。そのちがっている相にびっくりしなさい、とお釈迦さまは言われているんです。

地球が生れて四十六億年たつそうですが、まだ同じ形の雲が現われたことは一度もないそうですね。わたし、それを信じます。雲でも、虹でも、同じ相のものは一度も現われていない、そう思います。

なぜかと言うと、太陽も、地球も、一刻一刻変化しているわけでしょう。早く言えば、一秒ごとに年を取っていく生き物です。永遠に命あるものではないですから、毎日変化していきます。光線だって永遠に続くものではありません。だんだんに弱くなっていくはずです。太陽の寿命が一五〇億年、地球の寿命が一〇〇億年。決して長い時間ではないですよね。大宇宙の、永遠に近い時間から比べれば、あっという間の命でしょう。百年そこその人間の命なんて、有って無いようなものです。

自然はそのように、刻一刻、変化をしているのであるから、その変化に驚きなさい、というのがお釈迦さまの教えなんです。何を言わんとしているのでしょうか。自分の命の短さを思いなさい、ということです。「常に非ず」、自分自身が一秒ごとに老いてゆくのだ、ということなんです。自然を見たらそれを感じないといけない、そうおっしゃっているんですね。

天地を観察し、山や川を観察していると、すべてのものが躍動している、みな変化をしながら生きているというのです。この教え、好きですねえ。わたしは山の中に住んでいるから、こういう教えをいただくと、「そうだ、そうだ、まったくだ」と、喜んでしまいますよ。

すべては躍動している、一切のものが生きることに一生懸命なんです。虫一匹、草一本、吹いてゆく風、流れる雲、みんな生きているんです。同じ相でいるものは一つもないんです。どっちを向いてもびっくりするものばっかり。

そのなかで、自分の命はどうなのかを考えると、こうお釈迦さまはおっしゃっているんです。「あなたもいきいきと生きなさい。時を惜しんで躍動しなさい」ということ。すばらしい教えだと思います。

みなさん、今、躍動していますか？　していますよね。わたしの話を聴いているんだから躍動しています。躍動が止まれば、ばたんと横になる。それもいいかもしれない。ここはご本堂の真ん中だから、さぞ安らかだろうと思いますよ（笑）。お見送りの人もこれだけ集まっているし（大笑）。

大事なのはその次ですね。「そのことによって、執着する心をもたなければ」、ここが大事なところ。つまらないこと、どうでもいいことに、執着しさえしなければ悟りの境地が得られる、こういう教えなんです。

わたしたちは、日頃、じつにつまらないことに執着しています。どうでもいいことに、いつまでもこだわっています。ところが、天地を見たり、山や川を見ていると、そんなものはすべて解決してしまうと、こうさとされているんですね。「あなたの悩みなんて、自然を見ているだけで解決してしまいますよ」と。実際、これ以上の解決策はないんですね。

前後しましたけど、「野の道・野の風・野のこころ」、この演題は「自然に学ぶこころ」という意味であるということが、もうお分かりでしょう。「野の道」はお釈迦さまの歩まれた道、「野の風」はその教え、「野のこころ」はそれにしたがって生きる、ということです。

大自然の躍動のなかで自分の命を見つめ、月日を大切に生きましょうと、そういう美しくもやさしい教えなのです。

その教えを基に、これからの話を聴いていただきましょう

次に、むかし、わたしが書いた詩を、恥をしのんでかかげておきました。これはもともと文章だったのですが、あるとき、その文章を詩の形に変えてみただけのこと。このほうが解りやすいと思ったからです。

心の中の風景とともに

心象風景

酒井大岳

わたしの心象風景は「野をつらぬく一本の道」である。
少年のころ、囮籠《おとりかご》を持って野原へ行き、籠から逃げ出した囮を追い
かけまわって、四時間後に素手《すで》でつかまえたが、
そのとき見た夕日の美しさが今でも忘れられない。
その夕日に向かって、
心のなかの野の道はかぎりなくつづく。

目をつむると、その道は見えてくる。
起伏の多いその道の果てには、
菩提樹のような大木が立っていて、
風に揺れながらわたしを待っている。
行けども行けどもその大樹に近寄ることはできない。
けれども、わたしはそれに近づこうとして、
雨の日も、風の日も、歩きつづけている。
ときたま、鵙《もず》が鳴いてくれるのが救いだ。

道の両側は芒《すすき》の原。
花野にでも、枯野にでも、
季節によって都合《つごう》よく変わる。
右に、左に、川の音がするが、いずれも見えない。
それでも、花が咲き、鳥が鳴き、
ちぎれ雲の飛ぶその野原がわたしは好きで、
月でも出ていれば、疲れを知らず歩くのである。

若いとき、生きる力を失いかけたこともあったが、
野の道を歩いてゆく自分の後ろ姿を見ると、
どういうわけか立ちあがれた。
大樹の見える道であったからだろう。
その道がなかったならば、
わたしは俳句を作っていなかったに違いない。

一応、詩ということにしておきますが、わたしはこれを何度読んでも、そうだ、そうだと、納得しているんです。自分で書いたものに自分で感動している。そういう自分にまた感動しているんだから世話がない（笑）。

囮《おとり》が出てきますが、ご存知ですか。子どものころ、「マヒコ」という小鳥を飼っていました。胸のところが赤くて、「ピッ、ピピッ」ときれいな声で鳴く小鳥。あれを飼っていることは一つの誇りだったんです。そいつを籠《かご》に入れて風呂敷に包んで山へ持って行って、風呂敷を取ると明るくなるから鳴きますね。その声にさそわれて、山の中にいるマヒコがやって来る。籠には「鳥取りモチ」という、米の飯で粘《ね》ったねばりを、細い竹に塗って差しておく。

すると、山からやって来た別のマヒコがその竹につかまって動けなくなる。それをこっちがいただく、という寸法です。一匹いくらで売れましたからね、みんな本気で取りに行ったものなんです。

ところがある日、山へ行ってね、切り株に籠を置いて遠く離れて見ていたら、自分の籠の中から自分のマヒコが外へ出ちゃった。編んだ籠の一本の竹が折れていたんですね。わたしは青くなって、自分のマヒコを追いかけ回したんです。

どのくらいやぶをくぐり抜けたか分からない。顔や手から血を流していました。幸い、マヒコは飼われていたから飛ぶ力が弱くて、四時間くらいかけて素手でつかまえることができました。

深いやぶを抜け出ると、野原がひらけていてね、今、真っ赤な夕日が沈んでゆくところ。マヒコを胸に抱いて、じっとその夕日の美しさに見入りました。このとき見た夕日が、何十年もわたしの人生を支えてきてくれて、今日《こんにち》、只今《ただいま》、この一刻《いっこく》、があるんです。分かります？　この気持ち（笑）。

それから、詩のなかに「大樹」が出てきます。これは菩提樹《ぼだいじゅ》、つまりお釈迦さまのこと。わたしにとっては、ですよ。学生時代に高浜虚子の『六百五十句』という句集を読んでいたら、「炎天にそよぎをる彼《か》の一樹かな」という俳句と出合った。生きてゆくために物売り（行商）をして苦しんでいたとき、この句に出合えたのです。

これは救いでしたね。死ぬような思いで炎天下を歩いていたら、はるか彼方《かなた》に大きな樹《き》があって、それが風にそよいでいる。「おいで。この樹の下は涼《すず》しいよ」と言って、わたしを招いていてくれたんです。お釈迦さまが、高浜虚子の俳句をとおして、わたしに呼びかけてくれていたんですね。この一句との出合いでわたしは生きる力を得ました。

だから、わたしの心のなかにある広い広い野の果てには、いつでも大樹が緑の葉をひろげて待っていてくれるんです。

それから、最後のほうに「野の道を歩いてゆく自分の後ろ姿」とあるでしょう。これって、不思議ですよね。とぼとぼと人生を歩いてゆく自分の後ろ姿、それが見えるんですから。もう一人の自分が、その後ろ姿を見て「頑張れよ」と声をかける。すると、不思議に力が湧《わ》いてきて頑張れるんです。

命ひとつ露にまみれて野をぞゆく涯なきものを追ふごとくにも　太田水穂《おおたみずほ》

大歌人のこの歌も、いつのころからか、わたしの心に沈んでいて、わたしの日々を支えてくれています。この歌の主人公も、野を歩いているんですね。自分の後ろ姿を見つめている「もう一人の自分」というものが見えている歌です。人はみな自分のさみしい背中を遠くに見つめながら生きてゆくものではないでしょうか。自分の背中って、淋《さび》しくもあり、可愛《かわい》くもあり、みすぼらしくもあり、かがやいてもいるものなのです。

ああ、思い出しました。背中、で思い出したんです。静岡のある会場で、講演のあと、質疑応答の時間があったんですね。妙齢《みょうれい》の女性のかたがパッと手を挙げて、「先生の背中はどうしてそんなに美しいのですか?」。わたしはあわてて言いました。「前はだめですか」と。会場は爆笑でしたよ。とっさに言えたのがよかったですね。

そんなわけで、わたしの背中にはいつも大きな野原が広がっています。野原と小鳥、野原と夕日、野原と大樹、これらはわたしにとってののっぴきならぬ生きがいの世界なのです。作りあげたものではありません。自然からの授かりもの、とわたしは思っています。

だから、「天地を見て非常と想い」というお釈迦さまの教えが、すうっとわたしの心のなかに入ってきています。わたしは、それを勝手に「おとずれ」と言わせてもらっているんです。

森のなかの水

『宝雨経《ほううきょう》』という経典《きょうてん》があります。むかし、これを読んで感動しました。とっても美しい場面があるので紹介します。

「極熱の季《ごくねつのとき》」とありますから、炎天下のことです。広い野原の真ん中で、東から来た人と西から来た人とがすれちがいます。西から来た人は暑さのためにすっかりのどが渇《かわ》いて、疲れきっているので、東から来た人にたずねるのです。

「どこかに水はないでしょうか？」

「もう少し行けば美味《おい》しい水がありますよ。わたしはその水を飲んできたばかりです。この道を東へ真っすぐ行きますと、道が左右に分かれている所があります。左の方へ行かないで、右の方へ行ってください。すると間もなく森にさしかかります。その森のなかにきれいな水が沸《わ》いているのです。それを飲んでのどの渇きを癒《いや》したらよいでしょう」

西から来た人は丁寧《ていねい》に礼を述べて、喜んで東へ向かいました。言われたとおり、道が左右に分かれていました。

——みなさんね、ここでちょっと説明をしますが、ここが大事なところなんです。「左の方へ行かないで」と教えていますよね。左というのは「あやしい宗教」のことを言っているのです。そちらへは行かないで右の方へ行ってくださいと。これが親切というものなんです。今度だれかに道を聞かれたら、分かれ道を説明するときに、「そっちへ行ったらだめですよ」という一言を添えてから正しい方向を教えることが大事です。すると、言われた人は分かれ道に来たとき、そのことをかならず思い出します。「こっちはだめなんだな」と。それで正しい方向へ歩いて行けるということですね。――

その人は、そう思って右へ行ったら、森があって清水が湧いていた。それでのどの渇きを癒すことができたのです。

この話は、これで終わっているわけではありません。お釈迦さまは、この話を修行者に聞かせたあと、こう語られました。

「修行者よ。暑さとのどの渇きに苦しんでいた人は、森のなかに水があると聞いただけで、その渇きを癒すことができたであろうか。そうではないだろう。清らかな水を飲んでこそ、初めて熱と渇きの患《うれい》を除《のぞ》くことができるのである」と。

つまり、聞いただけではだめ、実際に飲んでみて、はじめてのどはうるおい、からだはいきいきしてくるのだ、ということです。

ここに言う「広い野原」とは、わたしたちの人生のことです。「暑さと、のどの渇き」とは、煩悩《ぼんのう》（悩みや欲望）のために、わたしたちの心がからからになってしまっていることを言います。「野をつらぬく一本の道」は、わたしたちをみちびく教えのこと。「水を飲む」というのは、自ら実践することを意味します。

もうお分かりですよね。野の道を歩くということは、実践することなのです。

仏教は「理屈」ではなく「実践」の世界にあるものです。どんなに勉強をして立派な学者になっても、森のなかの水を実際に手に汲《く》んで飲まなければ、分からないのが仏教なのです。

修行中のお坊さんのことを「雲水《うんすい》」と言っていますでしょ。これはたんなる代名詞ではないんですね。実際に雲や水を見ながら、流れ流れて苦行を重ね、真実を求めて歩く人でなければ雲水とは言いません。

つまり、「野の道を歩く」こと。自分の足で本ものの野原を歩くことが大事なのです。「野のこころ」とはそういうものかと、思っていただけたら幸いです。

草むらをゆく水

次は、室生犀星の詩に学びます。詩人・犀星の気持ちになって読むことが大事です。

街と家家との遠方

室生犀星《むろうさいせい》

この菜の畑も
畑土の盛り上がった心持をも
いまはこれまでにない親密さをもって
眺めることができる
一直線に走った菜の畑は

ところどころに冬枯れの
寂しさを点綴《ていてい》している
ごほごほといふ小川の水
これは又生れて初めて聞く小川の音だ
この正しい流れやうは！
どこまでも流れてつきない
此の微妙さはどうだ
いつまでも無限に
くさむらを分けてゆく
微笑《ほほえみ》のやうな優しく秀《すぐ》れたるもの
おれは噎《むせ》んで喜ぶ
これらのものを今こそ解りかけたことを喜ぶ

じつに素直で謙虚な詩だと思います。
草むらを分けてゆく細い流れ。ただそれだけのことなのに、犀星はむせびながら喜んでいるんですね。

人間は生きてゆく過程で、喜怒哀楽の世界を山ほど味わいます。人生経験というものを重ねれば重ねるほど、いきいきと生きているものに感動しやすくなるものです。

しかし、生きるということはどういうことか、命とは、自然とは、真実とは、と、いつも求めていないと、何一つ分かってはこないのでしょうね。他人の生活を羨《うらや》ましがったり、退屈で仕方がなかったりしている人には、小川の音など、どうでもいいに決まっていますから。

ところが、この詩はそうではないのです。こんな小さな、どうでもいいような、細い流れとの出合いのなかで、作者は涙しているのです。初めのほうに「これまでにない親密さ」とありますね。今まで気がつかなかった自然の真実とやっと出合えたのです。人生を大切に生きている人には、そういうことがあるのです。そして、中ほどには「生れて初めて聞く小川の音」とあります。小川の音など、どれほど聞いているか分からないのに、今、初めて聞くのだと言います。そして、それを「正しい流れやう」と言っています。

何度聞いても何も感じられなかったものに、今、感動するということは、自分自身に感動していることでもあるんですね。水の流れの正しさに気がついた自分を喜んでいるんです。生きる喜びというものは、けっして大きいものとの出合いばかりではないぞ、と教えられますね。

　最後のところで、「今こそ解りかけたことを喜ぶ」と言っている。ここには謙虚さがあります。「すべてが解った」ということではなくて、「解りかけた」というところに謙虚さがあるんです。わたしはその表現に心を打たれました。そして、生きる希望をも与えられました。解りかけた、のだから、これからの人生が楽しみだということですよ。どんどん解ってきたら嬉しくて仕方がないでしょう。

「万物の盛んな躍動」が、草むらを分けてゆく小川の水にあったんです。これは一つの「覚《さと》り」なのです。この覚りが何百回と重なっていって、ドーンという大きな「悟《さと》り」に至る。お分かり？「覚《かく》」の積み重ねのあとに「悟《ご》」があるということ。これを「覚悟《かくご》はよいか！」と言うのです（大笑）。

　いつのころ、この詩と出合ったかは忘れましたが、その後、仏教の教えを少しずつ学んでゆくうちに、この詩のこころがだんだん分かってきました。自分の人生のすべてをかけて、目の前のものに対することの大切さ、それをとくと教えられました。

この犀星の詩を読むたびに、必ず思い出す短歌があります。

冬原にわれは来たれば思はざる細流ありて砂動きおり　石田比呂志《いしだひろし》

寒い寒い冬の原ですが、ふと気がついてみると、細い流れがあって、よく見ると砂が動いている、というのですね。これは大発見です。躍動そのものです。さむざむとした冬の原なのに、流れを覗《のぞ》けば砂が動いている。そこにはもう春の訪れがあるのです。水も生きている。砂も生きている。間違いなく天地の春なのだと。犀星の詩と同じように、作者はそこに「優《やさ》しく秀《すぐ》れたるもの」を感じ取っています。そして、砂の動きに何を感じたか、それに一つもふれていないところが、この詩の凛《りん》とした魅力です。

さらさらと川は流れて石のみがじっと止っておりにけるかも　山崎方代《やまざきほうだい》

こちらは石ですね。流れてゆく水と、止まっている石だけを詠んだ歌です。動《どう》の中の静《せい》をとらえたものでしょう。さらさらと流れる水、というのですから、この川は浅いし、水もよく澄《す》んでいます。音までも清らかに澄んでいます。じっと止まっている石も見えてきます。石の肌まで美しく見えています。

それなのに、そういうことは一つも言っていません。流れている水と、止まっている石を詠んだだけの歌です。それでも、想像すればするほど、いろんなことを考えさせてくれる歌です。作者は知らん顔をしています。そこがなんとも言えない魅力です。

このかたは、戦争で片方の眼を失い、もう片方の眼も微視となりました。それを思うと、水も、石も、特別のかがやきを放ってきます。

ぼさつ石

昭和の終わりごろですが、右の歌のような、きれいな水と、きれいな石に出合ったことがあります。

中国の〝五台山〟へ行ったときのことですが、清水川《きよみずがわ》という、その名もずばりの美しい川が流れていて、この川は浅くて幅はかなりありました。川に沿って歩いて行ったら、その清流の真ん中あたりに、たった一つだけ細長い石が立ち上がっているのです。まるで観音《かんのん》さまのような姿に見えます。

不思議に思って、わたしはズボンのすそをめくって、浅い流れの中をそこまで歩いて行ったのです。手にすくい上げてみたら、まるで観音さま。頭部も、胴体も、足も、観音菩薩《かんのんぼさつ》そっくりなんですね。自然石ですよ。作られたものではありません。どうして、その石だけ立ち上がっていたんでしょうね。わたしに拾われたかったからでしょうか。

おもむろにお迎えして、わたしはそれを抱いて日本に帰りました。

成田空港に着いて家に電話をかけたら、家では大騒ぎ、北京《ぺきん》を発った飛行機が墜落《ついらく》したというニュースがテレビから伝えられて、もしかしたら、と大騒ぎをしていたんですね。わたしが無事に成田に帰ったと電話したものだから、驚いたのなんの。

成田で知ったのですが、同じ時刻に北京を発った別の一機が上海《しゃんはい》に墜落したのでした。

眉唾物《まゆつばもの》の話、と思われても仕方がありませんが、わたしは石の観音さまを「ぼさつ石」と名づけて、飛行機の中でもタオルに包んで抱いていたのでした。だから無事だったと言えば疑われるんでしょうが、事実、無事に日本に帰れたのでした。


あ、そうそう。この「ぼさつ石」の写真を載せた本があちらにあります。本の販売をされているかた、ちょっとその本のおしまいのほうを広げて、みなさんに見せてあげてください（一同、それを見て歓声を上げる）。

どうです、まるで観音さまでしょう。あの本は『心があったまる仏教』（大宝輪閣刊）という、わたしの最近の本です。その本に今の話を書いているんですよ。今の人たちは話だけだと信用しないというので、あのように写真を載せておいたんです。本というものは、こうやって宣伝するものなんですね（大笑）。この「ぼさつ石」は、わたしの寺に、「旅の安全を守る菩薩さま」としてまつってあります。

こういう不思議な話って、きりもなくあるんですよ。疑う人もきりがありませんがね。わたしはただ事実をご報告申し上げたまでです（笑）。

余計な話をしましたね。「石のみがじっと止っておりにけるかも」。わたしにはじつによく分かる短歌なのです。

みなさんもね、ただぼんやり歩いていてはだめですよ。びっくりするようなことは至る所にあります。目を止めるか止めないか、それで人生が変わってくる。小川の水でも、動いている砂でも、じっと止まっている石でも、関心を寄せると何かが生れてくるんです。ぼんやりしていると何も生れてこない。自然からの「おとずれ」というものは、こちらから関心を寄せなければ、影さえ見せてくれません。

それにちなんで、あと二つほど例を挙げましょう。

縁を育む

一つは「はぐくむ」ということ。縁を生かすということです。

わたしの家の近くに、飯塚さんというかたがいます。八十三歳になられますが、このかた、三十五年間、営林局に勤務していたのですが、そのころの話です。

山仕事に行って帰る途中、露に濡れた葉書のようなものが落ちていたので、拾い上げてみたら、破裂した風船の先に手紙が糸で結ばれていたそうです。

「拾った人はぜったいにお手紙ください。おじいさんでも、おばあさんでも、おじさんでも、おばさんでも、おにいさんでも、おねえさんでも、おとこの子でも、おんなの子でも、お手紙くれたら文通しよう」

こう書いてあった。大阪・高槻市の中学三年生の女の子で、キャンプ先の志賀高原（長野県）から飛ばされた風船だった。

飯塚さんは、その夜のうちに手紙を書いたんです。これがご縁となって、二人の文通が始まります。

女の子は、ほかの子には来なくて、自分が飛ばした風船だけに返事が来たものだから、得意になって家族や友だちに話します。これが学校新聞で紹介され、社会のニュースにもなる。女の子の母親からの手紙を見ると、その喜びのために女の子の学業成績がぐんぐん伸びていったとのことです。

その後もずうっと文通が続いて、写真を交換したり、物を贈り合ったり、なんと二十年余りも続いていくんです。その間に、女の子は高校、大学を卒業して、結婚しています。「夢乗せて来し風船の露に落つ」「まだ会はぬ娘と幾とせの賀状読む」、これは当時の飯塚さんの俳句です。

「まだ会わないのですね」とわたしが聞いたら、「会おうとすればいつでも会えるけど、それは自然まかせです」と飯塚さんは答えていました。謙虚なかたなのです。

この話から学ばせていただくことは沢山あります。長野で飛ばされた風船が、群馬の山まで飛んで来たこと。そして破れて道ばたに落ちていたこと。飯塚さんの目に止まったこと。これは縁なのです。気流がちょっとでも狂っていたら、飯塚さんの通る道には落ちていなかったでしょう。そのほかにいろいろな条件を考えれば、よくぞここまでやって来てくれた、ということですね。これは縁というもので、さずかりものなのです。これをわたしは「おとずれ」と呼んでいるんですよ。

そして、その縁に飯塚さんが、その夜のうちに返事を書く。これは縁を「はぐくむ」ということなんです。こちら側から、その縁に積極的にかかわる、ということですね。それがあって初めて女の子との文通が始まる。花が咲くのと同じことですよね。花だって条件が調わなければ咲くことはないんですから。

それから、この文通がもとで、女の子の成績が伸びてゆくというのもおもしろい。嬉しいことがあると、人間というものは何にでも励めるものなんです。

その他、あれもこれもと考えたら、二人の交流はどれほど素敵な輪を広げていったか分かりません。

「縁をはぐくむ」、このことをよく覚えておいてください。

それから、こんなおもしろいこともあるよ、という話を、もう一つ紹介しましょう。

陰徳《いんとく》を積む

高校へ勤めていたころ、年賀はがきで二等を当てましてね。学校の近くの郵便協で携帯ラジオをもらったんですよ。電池を入れてくれたので、それを鳴らしながら教壇に立って、「よい行ないをしている者にはよいことがある」なんて、得意になって自慢したんです。

授業が終わって廊下に出たら、「先生!」と叫ぶ子がいる。後《うし》ろを見るとK子です。

「よいことをするとよいことがあるって、ほんとうですか?」

「それはそうだよ。よい種《たね》を蒔《ま》けばよい花が咲くのと同じさ」

「わたしは、どんなよいことをすればいいんですか?」

「それは、自分で考えるのさ。隣りの友だちにやさしくしてあげることだってよいことの一つだよ」

「分かりました」

何が分かったのか知らないけれど、これがおもしろいことにつながったのだから、おもしろいのです。

その年の十二月、K子の友だちが年賀はがきを買いそびれたので、「何枚でもいいから分けてくれない」とK子のところへ頼んできた。K子は二十枚買っていたので、そのうちの十枚を「あげるよ」と言って、ただであげた。その友だちから来た年賀はがきが、なんと一等を当てた（笑）。こういうことってあるんですね。

これ、ただであげたから帰って来たんでしょうね。お金をもらっていたらよそへ行っちゃった。

いやあ、驚きましたねえ。制服を着た高校三年生の女の子が、景品のテレビを背負《せお》って、わたしの家まで見せに来たんですから（爆笑）。ええ、ただ見せに来ただけです（笑）。

K子は東京の大学に進むことが決まっていて、テレビがあると勉強できないから母親にプレゼントするのだと言って、また背負って帰ってしまいました（爆笑）。もっとも小型テレビでしたけどね。

K子はね、東京の大学に四年間学んで、その後も都会で働いていたんですが、友だちと力を合わせてね、恵まれない子どもたちのため、からだの不自由な子どもたちのためにと、人知れずよい仕事を沢山積み重ねて、高野山で開かれた「第一回・陰徳賞」という賞を受けました。

「陰徳」というのは、人の見えないところで、よい仕事を積み重ねる、ということです。

道元禅師は、「人は必ず陰徳を修《しゅ》すべし。陰徳を修すれば必ず冥加顕益《みょうがけんやく》あるなり」（随聞記）とさとされています。いいことをしている人にいいことがあるということですね。

K子は陰徳賞を受賞しちゃって、悩んでいましたよ。陰《かげ》でやってきたことが表に出ちゃったからね（笑）。

しかし、よい種蒔きをしておくとよい結果が現われる、これは嬉しいことですよね。自然がそうさせてくれるということです。

物惜しみしている人には、いい結果はあまりないんです。計算ずくでなく、人の喜ぶことを、いつでもしてあげられる人、そういう人によい結果は現われるんですよ。

多くの人とふれ合っていくと、だいたい分かりますね。物惜しみしていない人は明るいですから。惜しむ人ほど暗い顔をしているんです。みなさん、よく笑ってくれて、明るいですね（笑）。明るい人はかがやいています。外に出ると、もっとかがやく（大笑）。

明るく生きる

人のため、なんて、めんどくさい。そういう人も世の中には沢山います。見ていると、そういう人たちは、ものに感動しません。山や川を見ても、何も感じないのです。少しでも学ぼうという気持ちもないから、さわやかでないし、お顔も暗く、話題も暗くなっていきますね。笑うことも少なくなっていく。だから周りの人からも敬遠されるようになってしまうんです。

惜しみなくよいことをして、大きく笑う人生が素敵です。無理して笑うのは、いい笑いとは言えません。自然に笑えるのが最高なんです。

わたしなど、仏教の話をしてあちこち歩いているから、お坊さんたちとのふれ合いも多いのですが、何を言っても笑わないお坊さんもたまにはいるので、不思議だなあと思うことがあります。大きな悲しみを抱いている人もいるから一概には言えませんが、そうでなかったら、みんなと一緒に笑えないのはさみしいことですよね。

広い世界から多くを学び取って、いい仕事もいっぱいして、笑うときには大きく笑うこと。これがいちばんいいと思います。

あるところに、絶対に笑わないお坊さんがいたそうです。あるとき、そのお寺に若い外国人が来て、弟子にしてくれと言った。

「弟子にしてやってもよいが、そうすると、日本のお坊さんとしての名前をつけなきゃならん。ところでお前さんに聞くが、日本の坊さんの中で、だれが好きか？」

「はい、一休さんが好きです」

「ああ、とんちの一休か。よし、分かった。では、あんたには一休の次に偉い坊さんになってもらおう。どうだ、二休という名前は？」

「サンキュウ！」

今まで絶対に笑わなかったその坊さん、大笑いしたそうです（爆笑）。

外国人によって笑わせられたなんて、なんとも愉快《ゆかい》な話ですよね。一休、二休、サンキュウとは、よく決まったものです。

多くを学んで、明るく生きてまいりましょう。おしまいです。ありがとうございました（笑・拍手）。

【著者紹介】

酒井大岳（さかい・だいがく）

1935年群馬県生まれ。駒澤大学仏教学部禅学科卒業。曹洞宗長徳寺住職。南無の会会友。1964年群馬県文学賞（随筆）、1981年上毛文学賞（俳句）、1983年上毛出版文化賞（『般若心経を生きる』・水書坊）、1999年日本社会文化功労賞、2008年朝日俳壇賞を受賞。

著書には、『金子みすゞの詩を生きる』『金子みすゞをめぐって（共著）』（JULA出版局）、『あったかい仏教』『金子みすゞの詩と仏教』（大法輪閣）、『金子みすゞのこころ（共著）』（佼成出版）、『人生を拓く―随聞記―』（講談社）、『こころを生かす』『さらさら生きる』『りんりんと生きる』（家の光協会）、『仏教に学ぶ生き方』（弥生書房）、『気持ちがホッとする禅のことば』（静山社）、『酒井大岳と読む 金子みすゞの詩』（河出書房新社）、『たったひとことで人生は変わる』（マガジンハウス）、『心があったまる仏教』（大法輪閣）他。

ビデオには、『こころの花・全10巻』『心のやすらぎ講話・全10巻』『さわやか講話・全10巻』（NHKサービスセンター）、『釈尊に学ぶ・全10巻』（ユーキャン出版局）他。

CDには、『さらさら生きる・全12巻』『りんりんと生きる・全12巻』（NHKサービスセンター）、『経営に生きる仏教の教え・全10巻』（日経BP社）、『道元と現代・全12巻』（ユーキャン出版局）他。

酒井大岳の「語るより歩む」

二〇一五年五月二七日　第一刷

著　者　酒井大岳
発行者　山下隆夫
企画・編集　株式会社　ザ・ブック
東京都新宿区若宮町二九　若宮ハウス二〇三
電話（〇三）三二六六―〇二六三

発　行　太陽出版
東京都文京区本郷四―一―一四
TEL（〇三）三八一四―〇四七一
FAX（〇三）三八一四―二三六六

印刷・製本　株式会社　シナノ

ISBN 978-4-88469-842-3 C0095